L'ART DU TUILIER ET DU BRIQUETIER.

Par MM. DUHAMEL, FOURCROY & GALLON.

M. D C C. L X I I I.

L'ART DU TUILIER.

Par MM. Duhamel, Fourcroy & Gallon.

INTRODUCTION

Par M. D.

Cet Art est d'autant plus intéressant, que les Bâtiments en bois étant dangereux pour les incendies, de peu de durée, & maintenant d'une grande dépense à cause de la rareté des bois de charpente, on est réduit à bâtir en briques dans les cantons où la pierre manque, ou lorsqu'on est obligé de la tirer de loin : quoique le prix de la brique soit augmenté proportionnellement à celui du bois, il y a bien des cas où il est plus œconomique d'employer de la brique, que de la charpente, ou de la pierre de taille.

D'ailleurs, la bâtisse en briques est saine, sûre contre le feu, & de longue durée, quand la brique est de bonne qualité ; nous en pouvons tirer la preuve de Bâtiments très-anciens construits en briques, qui subsistent encore aujourd'hui, quoiqu'on ait négligé de les entretenir. Ces vestiges de l'antiquité la plus reculée, prouvent la bonté de cette bâtisse ; l'Histoire sainte & profane, attestent que l'art de faire des briques, est presque aussi ancien que le monde.

Quand j'ai parlé de la longue durée des Bâtiments faits en briques, j'ai ajouté qu'il falloit que la brique fût de bonne qualité ; car on verra dans la suite, que quantité d'ouvrages de fortifications construits avec ces matériaux, ont péri presque aussi-tôt qu'ils ont été faits ; par la mauvaise qualité des briques qu'on y avoit employées.

La tuile est d'un usage encore plus général que la brique. Il n'y a que la couverture en ardoise, qui soit préférable à celle en tuile ; mais comme les carrieres d'ardoises ne se rencontrent qu'en certaines Provinces, & comme souvent elles font de mauvaife qualité, on peut dire que prefque toutes les couvertures font faites en tuile; celles-ci ont même cet avantage, qu'elles réfiftent mieux aux efforts du vent que les ardoifes.

Quoique cet Art foit des plus intéreffants, nous n'avons rien trouvé fur cette matiere dans le dépôt de l'Académie; nuls deffeins ou Planches gravées, nul Mémoire. Deux célèbres Ingénieurs (*) frappés des réparations très-fréquentes qu'on étoit obligé de faire aux ouvrages de fortifications conftruits en briques, ont cru devoir s'appliquer à étudier, avec attention, les procédés du travail des Briquetiers, pour parvenir à rendre les ouvrages en brique auffi folides, que ceux que les Anciens conftruifoient avec la même matiere.

D'ailleurs, l'intérêt que ces Meffieurs prennent à l'avancement du travail que l'Académie des Sciences a entrepris fur les Arts, les a engagés à communiquer à la Compagnie, les Mémoires qu'ils avoient faits fur l'Art du Tuilier & du Briquetier.

Mais comme ils n'ont parlé que des grands fours, qu'on conftruit aux environs des villes de Guerre, où il fe fait une prodigieufe confommation de ces matériaux, nous nous fommes vûs dans la néceffité d'ajouter à leurs Mémoires, les obfervations que nous avons été à portée de faire fur les petits fours, qui font en ufage dans les environs de Paris, fur les bords de la Seine & fur le rein de la forêt d'Orléans: ces petits fours font d'un ufage plus commun que les grands, qui ne peuvent fervir que dans les Provinces où on fait une très-grande confommation de briques. Si nous n'avions cru ces additions néceffaires, nous nous ferions bornés à donner au Public les Mémoires de ces deux habiles Officiers.

On fçait en général que les carreaux, les tuiles & les briques font faits, foit avec de la terre glaife, foit avec de l'argile qu'on pénétre d'eau, qu'on paitrit & qu'on corroye avec beaucoup de foin pour en faire une pâte ductile, à laquelle on donne, dans des moules, la forme de briques, de tuiles ou de carreaux; on fait enfuite fécher cette terre moulée, foit à l'air, foit fous des angars que l'air traverfe dans tous les fens. Quand ces ouvrages font bien fecs, on les fait cuire, ou avec du bois, ou avec du charbon de terre; lorfque toutes ces opérations ont été exécutées avec foin, les tuiles & les briques doivent être dures, fonores & incapables de s'amollir dans l'eau, ou de fe feuiller par la gelée.

Ces bonnes qualités dépendent, 1°. de la nature de la terre que l'on y emploie; 2°. du travail qu'on fait pour la corroyer parfaitement; 3°. du degré de cuiffon qu'on donne aux ouvrages moulés & defféchés.

(*) M. FOURCROY de RAMECOURT, Lieutenant Colonel dans le Génie, Affocié libre & Correfpondant de l'Académie Royale des Sciences & Arts de Metz.
M. GALLON, Lieutenant Colonel dans le Génie, Ingénieur en chef au Havre de Grace, & Correfpondant de l'Académie Royale des Sciences de Paris.

A l'égard de la nature de la terre, je crois pouvoir avancer d'après des essais que j'ai faits en petit, qu'en général l'argile pure prend au feu plus de dureté, que celle qui est alliée avec des substances hétérogènes. Mais aussi cette argile pure se retire beaucoup au feu; elle se tourmente & se fend, sur-tout quand les ouvrages ont une certaine épaisseur; c'est pour cette raison, qu'on emploie de la terre plus forte pour les ouvrages des poteries, que pour faire du carreau; plus forte pour le carreau, que pour la tuile; & plus forte pour la tuile, que pour la brique.

Si la terre que l'on y destine est très-maigre, elle se desséche sans se tourmenter ni se gercer : mais aussi l'ouvrage en est moins dur & moins sonore. Les substances étrangeres qui diminuent la force des glaises, sont tantôt une terre limoneuse & végétale, qui ne contribue en rien à la dureté des ouvrages; (car si l'on paitrit de la terre d'un bon potager, si on la fait cuire, elle acquerra peu de dureté;) tantôt un sable qui peut être avantageux, quand il se vitrifie difficilement, & quand il n'est pas trop abondant dans la glaise; mais qui gâte tout, quand se trouvant mêlé avec la glaise, il en résulte un alliage trop fusible ou trop aisé à vitrifier. Un mélange de parties métalliques & pyriteuses en gros grains, produit un mauvais effet, parce que certaines parties se brûlent, pendant que d'autres se vitrifient: & il en résulte des vuides, qui alterent le carreau & la tuile.

Ces mêmes substances sont plus utiles que nuisibles, quand elles se rencontrent en petites masses & en médiocre quantité. A Montereau, on fait cas des tuiles sur lesquelles on voit des taches noires & métalliques.

Si cet alliage est de la nature du silex & par gros grains, il éclate au feu, & gâte l'ouvrage.

S'il est de la nature des pierres calcaires, il se convertit en chaux lors de la cuisson de la tuile; & ces parties de chaux venant à sentir l'humidité, se gonflent & font feuiller la tuile : ce qui est un très-grand défaut. Néanmoins, une petite quantité de craie ou d'autre substance calcaire, réduite en parties fines, peut dans certains cas être utile; car alors les substances calcaires se vitrifient & servent de fondant.

A l'égard des ouvrages, dont le prix peut indemniser l'Ouvrier des dépenses qu'il est obligé de faire pour les travailler, on parvient à corriger le défaut des terres, si elles sont trop fortes, en y mêlant du sable fin & doux qu'on sçait être propre à augmenter la dureté des ouvrages, en même-tems qu'il diminue suffisamment la trop grande force de l'argile. Si les terres sont trop maigres, courtes ou alliées de sable trop gros, ou de pyrites, ou de silex, ou de pierre calcaire, on délaie ces terres défectueuses dans de l'eau; on les laisse reposer quelque-tems, pour que les corps plus pesants que les parties fines de la glaise se puissent précipiter ; après quoi, en faisant écouler l'eau qui surnâge par décantation (*), il se précipite au fond de l'eau une glaise très-fine, pure ou alliée d'un sable très-fin ; quelquefois même on passe cette eau chargée de glaise par des tamis, pour être plus certain d'en avoir retiré tous les corps étrangers.

On sent bien qu'on ne peut prendre de semblables précautions pour des ouvrages grossiers, tels que la tuile & la brique qui se vendent à bas prix ; aussi les Tuiliers & les Briquetiers se contentent-ils de remédier à la trop grande maigreur de leur terre, en y mêlant de l'argile pure ; & quand leur terre est trop grasse, ils y joignent du sable ou une terre fort maigre : quand par bonheur ces mélanges se trouvent faits par la nature même, ils réussissent souvent mieux que ceux qu'on est obligé de faire assez grossiérement par artifice : & alors cela épargne beaucoup de peine & de dépense aux Ouvriers.

A Montereau, où la tuile est de fort bonne qualité, on emploie la terre telle qu'on la fouille : il en est presque de même au bord de la forêt d'Orléans, quant à celle que l'on y emploie pour la tuile : mais on est obligé de mélanger cette terre pour la brique. Aux environs d'Etampes, la plûpart des Tuiliers sont obligés de mêler du sable avec leur argile, pour faire leurs tuiles qui sont très-bonnes.

Voilà des principes qui sont assez généralement vrais ; ils souffrent néanmoins de fréquentes exceptions, que les plus expérimentés ont peine à découvrir à la simple inspection des terres ; car il y a des glaises, qui se retirent beaucoup plus que d'autres en se desséchant, ce qui est un grand défaut ; d'autres se fondent, se vitrifient & se déforment par-tout où le feu est un peu vif, pendant qu'il y en a d'autres qui ne se vitrifient pas assez, & n'acquierent point une dureté suffisante ; car on peut regarder la cuisson des terres comme un commencement de vitrification qui, portée à un certain point, donne à la tuile les qualités qu'on desire. Mais passé ce terme, lorsque la vitrification est complette, les ouvrages fondent, ils se déforment, les piéces s'attachent les unes aux autres, & font ce qu'on nomme *des roches*. Pour ces raisons, certaines terres exigent beaucoup plus de feu que d'autres, pour être cuites à leur point : & ces terres dures à cuire, font communément des ouvrages bien plus solides que les autres. La terre qu'on emploie en Normandie pour faire ces pots de grais où l'on renferme le beurre, peut être donnée pour exemple : mais dans ce cas, la bonté des ouvrages ne s'accorde pas avec les intérêts du Tuilier.

Je pense donc, ainsi que Messieurs Fourcroy & Gallon, que le plus sûr est d'éprouver les terres à différents degrés de cuisson, sur-tout lorsqu'on est obligé

(*) *Décanter*, c'est verser, par inclinaison, une liqueur qui recouvre un sédiment grossier.

d'en

d'en faire des mélanges : & qu'il feroit imprudent d'entreprendre beaucoup d'ouvrage, avec des terres qu'on ne connoîtroit pas parfaitement.

Quelqu'attention qu'on apportât dans le choix des terres, on ne feroit que de mauvais ouvrage, fi on négligeoit de les bien corroyer. C'eft dans cette opération, qui fera décrite dans la fuite, que les Tuiliers attentifs ôtent le plus exactement qu'ils peuvent les pyrites, les cailloux, les pierres calcaires, en un mot, tous les corps étrangers qui fe rencontrent dans la terre qu'ils veulent employer. Plus la terre eft paitrie & corroyée, plus les parties terreufes fe rapprochent, & plus l'ouvrage fera ferme & pefant. Il ne faut pas efpérer qu'on puiffe parvenir, par une feule opération, à bien préparer la terre : il faut y revenir à plufieurs fois, afin que l'eau puiffe s'infinuer d'elle-même dans les plus petites molécules terreufes. Pour certains ouvrages de faïance, on conferve les terres dans des fouterreins pendant plufieurs années : il faut, difent les Ouvriers, qu'elles y *pourriffent.*

Quand on fait un mélange de différentes terres, il faut faire enforte qu'elles foient fi intimement mêlées les unes avec les autres, que la maffe faffe un tout uniforme. Enfin, pour faire de bon ouvrage, il faut 1°. employer plutôt de l'argile trop forte que trop maigre, fauf à la laiffer long-tems fécher fous un angar, & à ménager beaucoup le feu au commencement de la cuiffon.

2°. On peut épargner l'eau, mais nullement le travail des bras, fur-tout pour les ouvrages d'une certaine épaiffeur. C'eft principalement par cette raifon, que les ouvrages des Potiers font plus durs que ceux des Tuiliers : car fouvent les uns & les autres emploient de la même terre.

3°. Comme les plus petites molécules de terre doivent être pénétrées par l'eau, il eft néceffaire de les corroyer à différentes reprifes, & de les tenir long-tems en tas.

Je ne m'étendrai pas davantage fur ces points qui feront amplement détaillés dans la fuite, ainfi que tout ce qui regarde le moulage & le defféchement, tant fur la place qu'en haie, ou à l'air libre, ou fous les angars.

Mais comme la perfection des tuiles & des briques dépend beaucoup de leur parfaite cuiffon, j'expliquerai en détail la conftruction des fours de différentes grandeurs ; & pour éviter les répétitions, je vais donner, pour premier exemple, la grande & belle tuilerie du Havre, dont nous devons la defcription à M. GALLON. Je parlerai dans des notes particulieres, des fours à cuire la tuile, que j'ai vûs à Montereau, & fur le rein de la forêt d'Orléans ; ainfi que de ceux des environs d'Etampes, dont je dois la defcription à M. de BARVILLE DU FRESNE, qui a une terre à portée de cette ville. Je pafferai légérement fur la defcription des outils dont on fe fert, parce qu'on la trouvera au commencement de la feconde Partie : M. FOURCROY étant entré à ce fujet dans de grands détails.

PREMIERE PARTIE,

Des Briqueteries & Tuileries, où l'on se sert de bois pour la cuisson.

DESCRIPTION de la Briqueterie & Tuilerie du Havre. PAR M. GALLON.

DE LA TERRE.

LA TERRE dont on fait la tuile & la brique près du Havre est grasse, forte, noirâtre ou jaune; elle se trouve sous un lit de galet ou de sable, d'un ou de deux pieds d'épaisseur : on tire l'argile à la laisse de basse mer. Dans d'autres endroits, cette argile se rencontre sous un banc de pierre tendre, qui semble être la même terre pétrifiée : car cette pierre est ordinairement d'une couleur semblable à l'argile qu'elle recouvre.

On tire l'argile pendant l'hiver, & on l'amoncele au bord d'une fosse maçonnée en briques avec ciment : cette fosse a douze pieds en quarré, sur cinq pieds de profondeur.

On fait une seconde fosse en-dedans de l'attelier, & tout près de la grande; cette seconde fosse a huit pieds de longueur, cinq pieds de largeur, & quatre pieds de profondeur; elle est, ainsi que la grande, revêtue d'une bonne maçonnerie en brique & en mortier de ciment, afin que la terre y puisse conserver son humidité naturelle, & contenir l'eau qu'on y ajoute : cette fosse se nomme *le marcheux*.

PREPARATION DE LA TERRE.

ON remplit la grande fosse avec la terre qu'on a transportée auprès, & on commence à préparer celle qui est la plus anciennement tirée; c'est toujours la meilleure : on en remplit la fosse, de maniere qu'elle excede d'environ six pouces son revêtement; ensuite on jette de l'eau par-dessus, jusqu'à ce que la terre soit parfaitement imbibée. Il faut pour bien pénétrer la terre de cette grande fosse, environ dix à douze tonneaux d'eau; chaque tonneau contenant trois cents vingt pots, ou six cents quarante pintes : on laisse l'eau pénétrer d'elle-même dans la terre pendant trois jours.

Alors un Ouvrier qu'on nomme *Marcheux*, du même nom que la petite fosse, piétine la terre en marchant sur toute son étendue; puis il la hache, & la retourne en la prenant avec une pelle ferrée ou une bêche, par parties fort minces, & de la profondeur de neuf à dix pouces : on appelle ces tranches, une *coque de terre apprêtée.* La couche qu'on enleve de la grande fosse fournit ce qu'il faut de terre pour remplir le *marcheux* ou la petite fosse, dans laquelle l'Ouvrier *marcheux* la piétine & la paitrit une seconde fois.

Il la retire ensuite du *marcheux ;* il la retourne, & la jette sur le plancher de l'attelier même, où il la piétine pour la troisiéme fois, & il en forme une couche de six à sept pouces d'épaisseur. On couvre l'argile d'une couche de sable d'une ligne d'épaisseur ; le même Ouvrier la marche pour la quatriéme fois, ne faisant agir que le pied droit, qui enleve à chaque fois une couche mince de terre, ce qui la corroye parfaitement bien.

Ainsi, le Marcheux mene la terre par sillons, tenant un bâton de chaque main, pour s'aider à retirer son pied de la terre ; il répand une seconde fois la même quantité de sable que la premiere fois, ensuite il la piétine à contre-sens des sillons : cette terre, ainsi préparée, s'appelle *voie de terre.*

Le *Marcheux* coupe la terre avec une faucille par grosses mottes, qu'on nomme *vasons.*

Il transporte ces mottes à l'autre bout de l'attelier, où il les renverse sens-dessus-dessous ; il les marche encore par sillons, comme nous l'avons expliqué : c'est ce qu'on appelle *mettre à deux voies.* Un autre Ouvrier qu'on nomme *Vangeur*, coupe cette terre par petits vasons, & la porte sur une table sur laquelle il a étendu deux ou trois poignées de sable avant de la poser dessus. Il paitrit cette terre avec ses mains, comme on fait la pâte, en jettant de tems en tems un peu de sable : enfin, le *Vangeur* en forme de petits vasons, qu'il porte ensuite sur l'établi du maître Ouvrier.

REMARQUES.

On ne jette qu'une petite quantité de sable sur la terre qu'on va piétiner, parce que l'intention n'est pas de la maigrir, mais d'empêcher qu'elle ne s'attache trop aux pieds de l'Ouvrier ; c'est aussi pour empêcher qu'elle ne s'attache à ses mains & à la table, qu'on en saupoudre le dessus.

Si l'on ne trouve pas du sable fin à portée des Tuileries, on ramasse de la poussiere dans les chemins, ou bien on fait brûler des gazons. Pour cela on leve des gazons ; on en fait un fourneau qu'on remplit de bois, le tout forme une espece de dôme; on met le feu au bois, les gazons se consument, & quand ils sont refroidis, on a une terre en poudre qui tient lieu de sable. Pour épargner cette dépense, on couvre le dessus des Fours à Briques avec des gazons ; & après qu'ils sont consumés, on en ramasse soigneusement la cendre pour rouler la glaise qu'on corroye. Mais soit qu'on emploie de la poussiere, ou de la cendre de gazons brûlés, ou du sable, il faut avoir soin de tenir ces différentes matieres dans des endroits à couvert de la pluie.

Nous rapporterons dans la suite des expériences de M. Gallon, qui prouvent ; 1°. qu'il est bon de mettre quelqu'intervalle entre les différentes préparations qu'on donne à la terre ; 2°. que la terre acquiert d'autant plus de densité, qu'on la corroye avec plus de soin.

Au reste, la pratique des Briquetiers de Montereau, d'Etampes, & de la Forêt d'Orléans, est la même que celle des Briquetiers du Havre.

Disposition de la Table du Mouleur.

La terre étant réduite, comme on l'a dit, en consistance de pâte, on transporte plusieurs mottes ou vasons *a a*, (*Planche* I, (*) *Fig.* 4.) sur la table du Mouleur, qui est établie sous la halle ou angar.

Cette table, assez épaisse, est solidement posée sur quatre forts pieds, liés les uns avec les autres par des traverses. A la gauche de l'Ouvrier est une auge *b*, remplie de sable fin ou de poussiere de terre morte, ramassée le long des chemins: cette poussiere doit être extrêmement fine; elle sert à empêcher que la terre ne s'attache, ni à la table, ni aux moules. Vers le milieu de cette table, est une seconde petite auge *c*, d'un pied quatre pouces de longueur, sur quatre de largeur, & autant de profondeur: celle-ci est remplie d'eau, pour mouiller le *moule* & la *plane*. Vis-à-vis l'Ouvrier, est pendu un morceau de bois, que l'Ouvrier appelle *cloquetier*, auquel il accroche l'archet *d*, dont la corde est de fil de fer, & qui sert à couper la terre.

Entre la petite auge *c* & le bord de la table qui regarde l'Ouvrier, se pose le moule *f*: ce moule est un chassis qu'on voit plus en grand dans la Figure 5. Il a, pour les tuiles de grand moule, onze pouces deux lignes de longueur, six pouces neuf lignes de largeur, & six lignes d'épaisseur: une des traverses de ce chassis porte dans son milieu une échancrure quarrée *f*.

Les dimensions du moule varient suivant les différentes Provinces, & aussi suivant la nature de la terre, parce qu'il y en a qui se retire plus que d'autre. On fait des moules de différentes formes, pour les faîtieres (*Fig.* 13.), pour les tuiles gironnées (*Fig.* 14.), pour les tuiles creuses & celles des noues (*Fig.* 15.): enfin, des moules doubles pour les carreaux (*Fig.* 16.)

La plane (*Fig.* 6.) a deux pouces de largeur; sa longueur excede un peu la largeur du moule; elle est un peu arrondie en-dessous; elle sert à emporter la terre qui excede le moule: on peut la voir (*Planche V.*) sous différents points de vûe.

A chaque établi de Mouleur, il y a six palettes *e e* (*Fig.* 4. & *Fig.* 7.) d'un pied de long, non compris la poignée, & de sept pouces & demi de largeur; leur épaisseur est de six lignes; ces palettes servent à porter les tuiles moulées sur l'aire de la tuilerie: leur grandeur varie suivant la grandeur des tuiles.

Le banc (*Fig.* 8.) sert à battre les tuiles, lorsqu'elles sont à moitié seches, avec *la batte* (*Fig.* 9.). Comme cette batte est représentée en plan & de profil, on voit qu'elle est platte en-dessous: elle a un pied de longueur, non compris le manche; & sa largeur est de deux pouces neuf lignes. *La Figure* 10. fait voir une espece de *rouable*, qui sert à nettoyer & à égaliser le terrein, sur

(*) Les Figures de la Planche premiere, sont prises, pour la plûpart, sur les desseins de M. Gallon: j'y en ai ajouté quelques-unes qui ont rapport à mes Remarques.

lequel

lequel le porteur doit déposer les tuiles ; il les place comme on les voit dans la Figure 11.

Après avoir détaillé les outils du Mouleur, il faut parler de leur usage.

REMARQUES

Sur les différentes formes qu'on donne aux Tuiles & aux Briques.

Suivant les différentes Provinces, on fait les tuiles plates ou creuses. Les tuiles plates ont la forme d'un quarré long ; elles sont un tant soit peu courbes dans le sens de leur longueur, afin qu'étant mises en place sur les bâtimens, le bout de chaque tuile joigne plus exactement sur la face supérieure de celle qu'elle recouvre : elles ont au bout d'en-haut de leur surface de dessous un crochet pour les retenir à la latte. Autrefois, outre ce crochet, on faisoit deux trous aux deux côtés du crôchet, pour attacher les tuiles avec des clous ; elles en étoient plus affermies contre le vent ; mais aussi dans le cas de réparations, ou de remaniement, on rompoit beaucoup de tuiles en arrachant ces clous. Dans quelques Provinces, on ne fait point de crochet, mais des trous dans lesquels on passe des chevilles de bois qui tiennent lieu de crochet. Comme ces chevilles sont sujettes à pourrir, elles ne sont presque plus d'usage. On se sert maintenant presque partout des crochets faits avec la terre même.

La grandeur des tuiles varie, comme l'a dit M. Gallon, suivant les différentes Provinces, & même souvent suivant les différentes Tuileries. A Paris, celles qu'on nomme de *grand moule*, ou *grand échantillon*, ont douze pouces de longueur, sur huit à neuf de largeur ; & celles de *petit moule*, ont dix pouces de longueur, sur six à sept de large.

Les tuiles creuses ou à canal (*Fig. 17*), ont à peu près la figure des faîtieres qui servent à couvrir l'arrête ou le faîte des Bâtiments, excepté qu'elles sont plus larges par le bout *a* que par le bout *b* ; ces tuiles dont on fait un grand usage, principalement dans les Provinces Maritimes, sont posées sur des toîts presque plats, parce qu'elles n'y sont retenues que par leur propre poids : il suit de-là que les charpentes exigent des bois moins longs ; mais aussi ils doivent être plus forts, non-seulement parce que ces tuiles sont plus pesantes que les plates, mais encore parce que les bois ont d'autant plus de poids à supporter, qu'ils approchent plus d'une position horisontale. Il est vrai que les toîts plats ayant moins de superficie, exigent, pour être couverts, une moindre surface de tuiles, que ceux qui sont plus relevés ; & ce qui augmente beaucoup cette œconomie ; c'est qu'on donne aux tuiles creuses moins de *pureau* qu'aux plates : à celles-ci, il n'y a que le tiers de leur longueur qui soit apparent ; au lieu qu'aux tuiles creuses il en paroît plus de la moitié.

Les toîts plats présentent moins d'opposition au vent que ceux qui sont relevés ; mais aussi, aux toîts plats, le vent prend les tuiles par dessous, au lieu que sur les toîts plus relevés, il appuie la tuile contre la latte ; & comme les tuiles creuses ne résistent au vent que par leur propre poids, on a coutume de charger les rivets avec des pierres. Il s'amasse beaucoup de neige sur les toîts plats, & dans les tuiles creuses ; & quand cette neige fond, l'eau pénetre entre les intervalles. Enfin, ces tuiles ne font jamais une couverture aussi propre que les plates ; c'est pourquoi on emploie celles-ci dans tous les Pays où les ouragants ne sont point trop à craindre.

On fait aussi des tuiles en *S* (*Fig. 18*), qui se recouvrent les unes les autres, comme on le voit à la coupe *a b*. Les meilleures de toutes les tuiles sont celles (*Fig. 19*) qui ont des rebords relevés ; mais comme elles ne peuvent pas se joindre exactement, on recouvre les joints avec de petites tuiles creuses *a*, pour empêcher que l'eau n'y passe. Quand ces tuiles sont assises avec un bon mortier sur une charpente très-solide, ou sur une voûte en arc de cloître, on n'en voit pas la fin : nous en parlerons plus au long dans l'Art du Couvreur.

Dans quelques Provinces on fait des tuiles recouvertes d'un vernis, comme la poterie ; & comme on en fait de différentes couleurs, les Couvreurs en forment des compartiments qui sont assez agréables à la vûe.

Pour couvrir les Colombiers & les Tours rondes, on est obligé de faire des Tuiles *gironnées*, qui sont plus étroites par un bout que par l'autre.

Les Briques forment toutes un parallélipipede dont la longueur est double de la largeur ; mais elles sont de différente grandeur. Celles qu'on nomme à Paris *chantignolles*, & qui servent pour les tuyaux de cheminée, ont huit pouces de longueur, quatre pouces de largeur, & douze, quinze ou dix-sept lignes d'épaisseur : celles qu'on emploie pour le corps des Bâtiments, ont ordinairement huit pouces de longueur, quatre pouces de largeur, & deux pouces d'épaisseur. On en fait d'autres pour les pleintes & les entablements qui portent des moulures. On en emploie telles que dans la Fig. 20 pour former le recouvrement d'un parapet de terrasse en dos de bahu; j'en connois de pareilles qui subsistent en bon état depuis un siécle.

Les Anciens en faisoient quelquefois de fort grandes qui avoient depuis deux jusqu'à cinq palmes: ils en faisoient aussi de la grandeur des nôtres; quelques-unes étoient en lozange, & se posoient comme dans la Fig. 21; enfin, ils employoient quelquefois des briques non-cuites, qu'ils faisoient simplement sécher au soleil pendant plusieurs années.

Un Commentateur de Vitruve voudroit qu'on donnât aux briques la forme d'un triangle équilatéral, dont chaque côté eût 12 pouces de long, & que leur épaisseur fût d'un pouce & demi. Il prétend que les briques de cette forme s'emploieroient plus commodément, qu'elles coûteroient moins, qu'elles seroient plus solides & d'une plus belle apparence, surtout aux angles saillants & rentrants: je n'ai point examiné la valeur de cette proposition.

Travail du Mouleur.

La terre étant préparée comme on l'a dit ci-devant, le Mouleur mouille le chassis *f* (*Planche* I, *Fig.* 4.); ensuite il le saupoudre, avec la poussiere ou le sable fin qui est dans l'auge *b*; il répand de cette poussiere sur la table à l'endroit où il veut poser le moule; ensuite avec l'archet *d*, il coupe de la terre d'un tas ou *vason a*, qui est à ses côtés sur la table; il en remplit avec force, l'intérieur du moule *f*; il coupe ce qui excede les bords du moule avec le même archet qui lui a servi à couper la terre, en conduisant le fil de fer le long des bords supérieurs du moule; il recharge encore le moule, en entassant la terre aux angles à force de poignet; il recoupe une seconde fois avec l'archet; & comme le fil d'archal déchire un peu les côtés, il remet avec les pouces de la terre aux endroits défectueux: enfin, il passe dessus la *plane g* (*Fig.* 6.), qu'il a mouillée, afin de rendre la tuile bien lisse. Le Porteur, qui est un jeune homme robuste, présente une palette (*Fig.* 7.) vers une petite entaille, qui met le dessus de la palette de niveau avec le dessus de la table où l'on a empli le moule: le Mouleur coule le moule chargé de terre sur la palette; & en enlevant le chassis, la terre moulée reste sur la palette.

Avant d'enlever les palettes, le Porteur forme le crochet, en relevant la partie de terre qui tient à la tuile, & qui a été moulée dans l'entaille *f* du chassis (*Fig.* 5.)

Le Porteur enleve toujours deux palettes à la fois; & il arrange les tuiles sur l'aire de la Tuilerie, comme le représente la Figure 11, en faisant, par une petite secousse, couler la tuile de dessus la palette.

Toutes les tuiles moulées restent ainsi sur l'aire, jusqu'à ce qu'elles soient assez seches pour être enlevées sans se rompre; alors on les dresse sur le champ, & on en appuie deux l'une contre l'autre en forme de toît, ou autrement, comme il sera dit ailleurs: elles restent en cet état environ deux jours. Quand la terre dont elles sont fabriquées est forte, & que le hâle est grand, on les arrange par tas, afin qu'elles puissent sécher lentement & sans se fendre: quand elles sont suffisamment seches, un Ouvrier se place jambe de-çà, jambe de-là, fur le banc (*Fig.* 8.), pour les comprimer en les frappant avec la batte (*Fig.* 9.); il donne deux coups de cette batte fur chaque bout, c'eft-à-dire, fur le tranchant de la tuile; deux autres coups fur le tranchant des côtés; deux autres fur le plat de chaque côté de la tuile; & enfin, deux fous le crochet: ce qui fait en tout huit coups. A mefure que les tuiles font battues, on les met en haie fous des hangars ou halles (*Fig.* 12.): les murs de ces halles font percés de quantité de trous, d'environ quatre pouces en quarré, pour que l'air les traverfe librement, fans que la pluie puiffe y tomber.

REMARQUES.

Quand il furvient une pluie un peu abondante, dans le tems que les tuiles encore molles viennent d'être mifes fur la place, tout eft perdu; il faut les mouler de nouveau: mais quand elles font defféchées, il fe fait feulement quelques trous à leur furface; elles font alors *vérolées*, comme difent les Ouvriers; ce qui en gâte le coup d'œil, mais n'en altere point la qualité. Quand on leve les tuiles de deffus la place pour les transporter fous le hangar, on arrange les poignées comme on le voit (Fig. 2), afin que les crochets foient en dehors, & que les faces portent l'une contre l'autre, & qu'elles foient moins expofées à fe rompre: on les met de la même façon en tas fous le hangar pour qu'elles fe deffechent plus lentement; enfuite on les bat, puis on les met en haie.

Pour former les haies (*Fig.* 22), on pofe les tuiles de champ par poignées de quatre; (*Fig.* 3.) les crochets empêchent que les tuiles ne fe touchent; on obferve encore d'écarter chaque moitié de poignée, en mettant entr'elles un petit morceau de tuile pour que l'humidité s'en diffipe plus facilement. Quand on a formé le lit *a a*, on pofe par-deffus deux cours de baguettes, un fur le devant & l'autre fur le derriere; puis on forme un fecond lit *b b*, puis un troifieme *c c*, &c. ce qui forme des lozanges. En établiffant ces différents lits, on ôte les petits morceaux de tuile: il eft important que les tuiles en haie fechent lentement, fur-tout quand elles font de terre forte; c'eft pour cela que quand il fait trop de hâle, on bouche avec de la paille les petites ouvertures du hangar & même les portes.

Nous ne devons pas négliger de faire obferver que les tuiles & les briques en font meilleures, quand la terre dont on emplit les moules eft un peu ferme. Les Ouvriers font dans l'habitude de l'employer très-molle pour ménager leurs bras; mais c'eft aux dépens de la bonté de l'ouvrage: & fi les ouvrages des Pottiers font plus durs que ceux des Briquetiers, c'eft en partie parce qu'ils emploient leur terre plus ferme. Comme la brique confomme beaucoup plus de terre que la tuile, on emploie des moyens plus expéditifs pour la préparer. Ces moyens feront amplement détaillés dans la fuite par MM. Fourcroy & Gallon, lorfqu'ils expliqueront la maniere de cuire la Brique avec le charbon de terre: je renvoie pour la préparation des terres à brique à ce qu'ils en diront: je vais maintenant décrire les fours à cuire la tuile & la brique avec le charbon de bois.

Four à cuire les Tuiles & les Briques, avec le bois tel qu'il eft aux environs du Havre. Par M. Gallon.

Ce four confifte en un bâtiment *IF, GH, IK* (*Pl.* II. *Fig.* 1.); il eft fait de deux murs paralleles *LM*, éloignés l'un de l'autre de quatre pieds: il faut que le mur intérieur *NOPQ*, foit de briques cuites. L'entre-deux de ces deux murs eft rempli de pierres ou de mauvaifes briques maçonnées avec de la terre graffe, pour que le tout ne faffe qu'un feul corps capable de réfifter à l'action du feu. L'intérieur du fourneau, ou l'efpace renfermé par le mur *NOPQ*, peut contenir cent milliers de briques. (*)

(*) Pour les petits fours à cuire trente à quarante milliers de briques, comme font ceux du bord de la forêt d'Orléans, on ne conftruit que le mur *NOPQ*, & on accumule de la terre par-dehors, jufqu'aux deux tiers de fa hauteur.

Cet espace intérieur *NOPQ*, eſt partagé dans le fond par douze files d'arcades faites de briques, & ſolidement maçonnées avec du ciment : on ne peut appercevoir les ceintres de ces arcades dans la Figure premiere : on ne voit que l'arraſement du-deſſus *RRR*, &c. au profil (*Fig.* 3.) qui eſt la coupe de la Figure premiere par la ligne *AB*, on voit la coupe des arcades par la clef *RRR*, &c. mais on voit les arcades *SSS* au profil (*Fig.* 2.) pris ſur la ligne *CD* du plan (*Fig.* 1.). Entre chaque file d'arches *SSS* (*Fig.* 2.) il y a des maſſifs ou banquettes de maçonnerie *TT* (*Fig.* 1 & 2.), qui s'étendent depuis le devant du four juſqu'au fond : ces maſſifs ſe nomment des *ſommiers* ; ainſi, pour comprendre la conſtruction de ces fours, il faut imaginer qu'on bâtit depuis le devant du four juſqu'au fond les ſommiers *TT* (*Fig.* 1 & 2.) ; qu'on bande les arcades *RRR* (*Fig.* 2.), qui n'ont d'épaiſſeur que la largeur d'une brique ; & que ces arcades laiſſent entr'elles des eſpaces égaux de la longueur d'une brique, comme on le voit en 1, 2 & 3, &c. (*Fig.* 3.) ; enſuite, en arraſant, avec de la brique, le deſſus de ces arcades & des ſommiers, on a les banquettes *RRR* (*Fig.* 1.), ſur leſquelles on arrange la brique ou la tuile, comme nous le dirons dans la ſuite. Il eſt bon de remarquer, que la forme pyramidale des ſommiers *TT* (*Fig.* 2.) eſt avantageuſe, pour que la flamme puiſſe traverſer entre les cloiſons des arcades, & que la chaleur ſe répande dans toute l'étendue du four.

Comme les files d'arcades n'ont que quatre pouces d'épaiſſeur, & comme on laiſſe ſix pouces de vuide entre chaque file d'arcade, on les arcboute, c'eſt-à-dire, on les lie les unes aux autres, avec des traverſes ou languettes, dont quelques-unes ſont repréſentées 1, 2 & 3 (*Fig.* 1.). Ces traverſes ſont faites avec des briques poſées de champ, comme on le voit auprès de 1, 2, 3 & 4. (*Fig.* 3.) : on en voit la coupe 1, 2 & 3 (*Fig.* 2.). Les files d'arcades *SSS* (*Fig.* 2.), répondent toutes à trois bouches voûtées, marquées *SSS* ſur le plan (*Fig.* 1.)

Au profil (*Fig.* 2.), on voit de face les trois files d'arcades cottées *SSS*, qui ſont précédées chacune par une bouche ; & au profil (*Fig.* 3.), on voit la correſpondance de ces voûtes *S*, avec les arcades *RRR*, &c.

EFIK (*Fig.* 1.), repréſentent les fondements d'un hangar, qui renferme les trois bouches *SSS*, & où ſe fait la manœuvre pour la cuiſſon ; car on régle le degré de chaleur, en ouvrant ou en fermant une ou pluſieurs des portes *TTT* ou bouches *SSS* (*Fig.* 1.).

Les deux portes *VX* qui ſont au corps du four, ſervent à le charger ; ſçavoir, la porte *V*, qui eſt du côté du midi, à enfourner les tuiles ou les briques ; & la porte *X*, qui eſt au nord, à les retirer du four quand elles ſont cuites ; de cette façon, les briques à cuire qu'on doit enfourner ſont du côté de *V* : & les briques cuites qu'on a défournées, ſont du côté de *X*.

Quand

Quand l'enfournage est achevé, & que le fourneau est plein, avant de mettre le feu, on ferme les deux portes *VX*, avec un mur de *briques boutisses*, qu'on crépit, & qu'on recouvre d'une couche de terre grasse, d'un pouce d'épaisseur.

REMARQUES.

A nos petits fours, il n'y a qu'une grande gueule *V*, (*Planche III*, *Fig.* 1) voutée en ogive; on la nomme la *bombarde*; un sommier *T*, & deux rangées d'arcades ou arches *S*: quelques-uns ont deux sommiers, & trois rangs d'arcades; mais en ce cas les sommiers & les arcades sont plus étroits, ce qui n'est pas si bien, parce que l'on n'a pas la facilité de jetter le bois sous les arches.

Au lieu du hangar *E, F, I, K*, (*Pl. II. Fig.* 1.), la *bombarde* est précédée d'une grande arcade *X*, qu'on nomme *la Chaufferie*, au milieu de laquelle est une ouverture *Y* par où la fumée s'échappe. Il n'y a point au corps du four les contre-forts que l'on voit *Pl. I. Fig. 1.* & qui sont entre les bouches *SSS*; mais ces deux bouches sont précédées par la grande arcade *V*, *Pl. III. Fig.* 1. qui les embrasse; & pendant qu'on met le feu au four, un Cuiseur se couche sous la voute *X*, qu'on nomme *la Chaufferie*, pour être à portée de veiller pendant la nuit à la cuite des briques. Ordinairement il n'y a à ces fours qu'une ouverture *G* (*Fig.6. & 7.*) au-dessus de *V* pour enfourner & défourner: les uns la ferment avec un mur de brique & de terre, avant de mettre le feu, comme l'a dit M. GALLON; d'autres établissent dans l'épaisseur du mur du four deux parpins de brique, & ils remplissent l'entre-deux avec du sable.

Pour les petits fours à cuire 30 à 40 milliers, partie tuiles, partie briques ou carreaux, comme sont les fours du rein de la forêt d'Orléans, on n'y fait que le mur *NOPQ*, (*Fig.* 1.) qu'on fortifie quelquefois par quelques contre-forts *CQPD* (*Fig.* 7); & on enfonce ces fours en terre, ou bien on y accumule de la terre par le dehors jusqu'aux deux tiers de la hauteur du four, & on en fortifie le haut par une ceinture de fortes moises de bois qu'on place en *EF* (*Fig. 6.*): les fours enterrés sont toujours humides, & cela retarde la cuisson, surtout quand, par les tems de pluie, il entre de l'eau par les gueules.

On m'a assuré qu'il y a de petits fours qui, au lieu des arches, sont voûtés par en bas suivant leur longueur, ce qui forme deux ou trois petites allées de toute la longueur du four. Nous en donnerons la construction dans un instant.

Les arches de la plûpart des fours que j'ai vûs à Montereau & aux environs d'Etampes, sont seulement liées les unes avec les autres, par des briques placées de distance en distance, comme on le peut voir dans la *Fig.* 2 du côté *BS*; en carrelant le gril, on ménage beaucoup de lumiere, comme à la *Fig.* 3.

Quand on fait des fours pour quelqu'ouvrage particulier, & qui ne doivent pas subsister longtems, au lieu d'arches maçonnées on construit des voûtes avec des briques séches; & comme on a l'attention que les briques ne se joignent pas exactement, la chaleur passe par l'entre-deux de toutes les briques, & se distribue dans la totalité du Four. Mais les fours, ainsi disposés, sont sujets à de fréquentes réparations.

On reproche aux arches dont M. GALLON donne la description, & qui sont d'un usage très-ordinaire, d'être sujettes à de fréquentes réparations; car il est bien difficile qu'une bâtisse aussi mince résiste à un feu qui est nécessairement très-violent.

Il y a, sur-tout en Provence & en Languedoc, des fours où l'on fait en même-tems de la chaux avec de la tuile ou de la brique. Ces fours sont construits comme ceux dont nous venons de parler, excepté qu'on éleve tout autour une banquette de brique de trois pieds de hauteur; & les voûtes intérieures, au lieu d'être de briques, sont faites avec les pierres mêmes dont on veut faire la chaux: sur les voûtes de pierre à chaux, on arrange quelques champs de briques, & sur ceux-là d'autres champs de tuiles.

La chaleur se distribue bien dans ces sortes de fours; mais comme les pierres en se cuisant en chaux diminuent beaucoup de volume, & comme les voûtes se trouvent chargées du poids de la brique & de la tuile, elles s'affaissent; l'ouvrage se brise & se déforme; ce qui occasionne presque toujours un déchet très-considérable.

Dans presque tous nos petits fours, on lie les arcades qu'on voit au-dessous de *A* (*Planche III. Fig.* 2.) par des briques de champ qu'on apperçoit au-dessous de *B*; ensuite on carrele le gril du four avec des briques posées de plat, ou avec de forts carreaux, ayant l'attention de ménager des jours entre les arcades: ces jours se nomment des *lumieres*; on les peut voir (*Planche III. Fig.*3). Un four, pour cuire 30 milliers de tuiles du grand moule, a 18 pieds en quarré dans œuvre; il y a 70 lumieres au gril.

On construit de plus petits fours qui n'ont que 15 & même 12 pieds en quarré.

Voici quelques avis dont on pourra profiter pour rendre les fours plus solides & plus propres à conserver la chaleur du feu. Nous l'avons déja dit, les fours qu'on enfonce en terre sont souvent refroidis par l'eau des pluies qui traverse la chaufferie & la bombarde, & pénetre jusque sous les arches. Pour éviter cet inconvénient, s'il se trouve à portée de la Tuilerie une butte de terre, on fera bien d'en profiter: en l'excavant suffisamment pour y placer un four dont l'intérieur sera revêtu de murs en brique & en terre, de trois bons pieds d'épaisseur; le bas de ce four doit être un peu plus élevé que le terrein de la base de la butte, afin que l'eau des pluies s'écoulant facilement hors du four, il puisse être toujours très-sec.

Comme le four sera établi en terre il sera solide, & il conservera très-bien sa chaleur: la tranchée qu'on aura faite aux terres qui sont au-devant de la bouche du four, sera revêtue de maçonnerie & voûtée pour y faire la chaufferie *X* & la bombarde *V*; de sorte que le dessus de cette voûte *V* (*Fig. 7*), formera un pont très-commode pour charger & décharger le four: on aura sous cette voûte un espace de 10 à 12 pieds de largeur & de 8 à 9 de hauteur, où les Chauffeurs se pourront placer. Il y a des fours où la chaufferie manque; mais il est très-incommode de n'avoir que la bombarde *V*.

A la plûpart de nos fours à tuile il n'y a qu'une seule porte *G* (*Fig. 6 & 7*), qui sert à enfourner & à défourner. Au four que M. Gallon a décrit, il y en a deux qui sont bien plus commodes.

Quand les fours sont découverts, on commence à enfourner par les ouvertures triangulaires *IK* (*Fig. 6*); ensuite on enfourne par la porte *G*; & quand le four est presque rempli, on acheve de le charger par le haut *EF*: mais quand le dessus des fours est voûté (*Pl. VI. Fig. 4.*) on ménage tout au haut une fenêtre *E*, pour achever de les remplir.

A l'égard des arches ou voûtes du fond du four, qui doivent porter l'ouvrage, on pourra les faire de 3 pieds de largeur, voûtées sur des ceintres avec d'excellentes briques de six pouces de longueur, trois pouces de largeur & un pouce d'épaisseur; quand les contre-murs & les sommiers seront élevés jusqu'à la naissance des voûtes, on formera les *Gibles* avec des briques posées de champ, & éloignées de trois pouces les unes des autres; sur ces briques on en posera d'autres à plat, qui appuyeront par leurs bouts sur le milieu de celles qu'on aura posées au premier rang; en répétant cette construction, les voûtes se trouveront percées d'un nombre de petites cheminées, évents ou lumieres, par lesquelles la chaleur se répandra dans l'intérieur du four; & il y aura beaucoup de liaison dans ces voûtes, qui seront par cette raison plus solides que les arches isolées qu'on fait dans les fours des environs du Havre, suivant la description de M. Gallon. Pour se former une idée des fours où l'on cuit la tuile & le carreau aux environs d'Étampes, sur le rein de la forêt d'Orléans, & sur les bords de la Seine, il faut se représenter que le corps du four est composé de deux rangs d'arches *SS*, semblables à celles dont M. Gallon a parlé, & d'un sommier *T* placé au milieu: le corps de ces fours a autant de hauteur *H F*, depuis le gril jusqu'en haut, qu'il a de largeur dans œuvre.

Quelques-uns de ces fours sont couverts au-dessus par une voûte de brique, (*Planche VI. Fig. 4*), à laquelle il y a de distance en distance des trous ou évents, pour laisser échapper la fumée. A un four qui a 18 pieds dans œuvre, on ménage 25 de ces ouvertures, & quelquefois chacune est terminée par un tuyau qui s'éleve d'un pied au-dessus de la voûte: en ouvrant quelques-uns de ces trous, & en en fermant d'autres, on peut diriger l'action du feu dans les différentes parties du four: on ferme ordinairement, en premier lieu, les évents du milieu, pour déterminer la chaleur à se porter vers les côtés.

Plusieurs fours qui ne sont point couverts d'une voûte, comme dans la *Planche III. Fig. 6 & 7.*, sont terminés par deux pointes de pignon qui supportent un toît de voliche, qu'on laisse subsister jusqu'à ce qu'on ait mis le feu au four: ce toît empêche la pluie de tomber sur l'ouvrage pendant qu'on charge le four; & quand le four a été rempli, on couvre l'ouvrage avec de mauvaises tuiles qu'on arrange à plat, & sur lesquelles on répand du ciment grossiérement pilé, ou du gravier, à l'épaisseur d'un pied; ou bien on y met des gazons, qui en se consumant fournissent une espece de cendre qui sert, comme nous l'avons déja dit, pour mouler, quand le sable fin manque. Lorsque la cuisson est complette, & qu'on ferme les gueules du four, on ferme aussi les évents des fours voûtés; on couvre ceux qui n'ont point de voûte avec de la terre franche qu'on bat, & qui en ce cas tient lieu de voûte, & empêche que la chaleur ne se dissipe.

Comment on arrange les Briques & les Tuiles dans le fourneau. Par M. Gallon.

Le premier rang s'arrange comme l'on voit la brique Y (*Planche II. Figure* 1.), & au-deſſous de *W* (*Figure* 3.), elles croiſent les banquettes formées par les arcades *R* ; de ſorte qu'elles dépaſſent l'épaiſſeur de ces arcades ou arches d'un demi-pouce de chaque côté, parce que les briques ont huit pouces de longueur, & que l'épaiſſeur du plein des arches n'eſt que de ſept pouces.

Le ſecond rang au-deſſous de *Z*, (*Fig.* 1.) & *W* (*Fig.* 3.), qui répond au vuide qui eſt entre les arches, eſt poſé ſur l'extrémité des briques dont nous venons de parler, qui forment une eſpece d'encorbellement ; les briques *Z* ont un pouce & demi de portée par chaque extrémité, ce qui leur fait prendre la forme de petites voûtes, qui coupent perpendiculairement celles des arches.

Cette poſition s'obſerve dans toute l'étendue du four, de maniere qu'il reſte entre chacune de ces petites voûtes formées de trois briques, aſſez d'eſpace pour que la chaleur puiſſe pénétrer dans l'intérieur du four.

Les briques du troiſieme rang *W* (*Fig.* 1 & 3.), couvrent celles du ſecond : les briques ainſi rangées dans toute l'étendue du four, ſe nomment *un champ de briques.* Les briques du quatrieme rang croiſent celles du troiſieme, & toujours de même juſqu'à ce que le four ſoit chargé ; excepté que quand on a diſpoſé dix champs de briques, on forme enſuite ce qu'on appelle un *lacet*, c'eſt-à-dire, qu'on arrange des briques de champ en retraite entre paralleles, de ſorte qu'elles laiſſent entr'elles des jours d'environ trois pouces. On prendra une idée de l'arrangement de ces briques, en jettant les yeux ſur les carreaux de la *Planche I. Fig.* 23. & *Planche III. Fig.* 9 & 10. Dans tout le reſte de la fournée, il n'y a que deux ou trois lignes de vuide entre les briques.

Cinquante champs de briques font une fournée complette ; la maſſe de briques excede les murs du four de douze champs, comme on le voit dans les profils de la *Planche II. Fig.* 2 & 3. On obſerve néanmoins de revêtir le pourtour de cette partie excédente, avec des briques cuites poſées en *panneresse* ; ainſi, ce revêtement a quatre pouces d'épaiſſeur, non compris un crépi de terre graſſe dont on le recouvre.

Le deſſus du tas de briques eſt couvert avec des tuiles poſées de plat, & qui ſe recouvrent par le bout d'environ un pouce : outre cela, quand le feu ſe porte trop vivement d'un côté, on a ſoin d'y répandre de la terre.

Le fourneau (*Fig.* 1, 2 & 3.) qu'on vient de décrire, ſert à cuire la tuile ainſi que la brique : mais ordinairement ceux que l'on deſtine uniquement à cuire de la tuile ſont plus petits, & n'ont que deux bouches.

L'enfournage pour la tuile, commence par sept lits de briques qu'on pose de champ, précisément comme si toute la fournée devoit être entiérement de briques : ces briques sont crues & séchées au point qui leur convient pour être exposées au feu. Sur le dernier champ de briques, qui doit tenir toute l'étendue du fourneau, on pose les tuiles de champ sur leur grand côté ; le second rang croise le premier : & ainsi de même, jusqu'à ce que la fournée soit complette, excepté néanmoins que le cinquiéme champ ou tas est coupé par un rang de carreaux ou de briques (*Planche* I. *Fig.* 23). La même chose se répete de cinq en cinq tas : le reste s'exécute précisément comme pour la brique.

REMARQUES.

C'est vers le centre du fourneau qu'on place les *faîtieres* & les tuiles creuses pour les noues ; le moule des faîtieres est un chassis, (*Planche I Fig.* 13.) qui a ordinairement un pied deux pouces de largeur, un pied un pouce six lignes de long. Quand les faîtieres moulées à plat ont été suffisamment séchées sur l'aire, on les applique sur une faîtiere cuite *a* (*Fig.* 24), sur laquelle on met une gouttiere de bois *b* faite en dos-d'âne pour leur faire prendre la courbure qu'elles doivent avoir : la faîtiere *C* qu'on travaille, se pose sur la goutiere de bois, & on l'applique sur la faîtiere cuite ; on la plie & on la lisse avec une palette mouillée. Quand ces faîtieres ont pris consistance, on les place sous le hangar sur un de leurs bouts. Pour en faire la cuisson, on les met sur le devant du four, derriere les briques qui ferment les triangles *IK* (*Planche III Fig.* 6) qu'on place en ces endroits pour recevoir la premiere action du feu. Comme les ouvrages des Potiers de terre sont communément plus solides, & faits avec plus de soin que ceux des Briquetiers, on donne la préférence aux faîtieres & aux carreaux qui ont été faits par les Potiers.

Il y a des Briquetiers qui, en arrageant leur ouvrage, ont l'attention de laisser un peu plus de distance entre les piéces placées au pourtour du four qu'au milieu, afin que le feu se porte plus vivement en ces endroits où l'ouvrage est ordinairement moins cuit qu'au centre du fourneau.

Les crochets des tuiles, font qu'il y a toujours suffisamment de jour entre les tuiles, pour que la chaleur y puisse pénétrer, comme on le voit (*Planche I. Fig.* 3 & *Planche III. Fig.* 8.)

Il faut, pour les tuiles comme pour les briques, que les différents champs se croisent ; l'ouvrage s'en arrange mieux, & les vuides pour le passage de la chaleur sont mieux distribués. Comme les Ouvriers sont obligés de marcher sur l'ouvrage crud pour former les champs, soit de briques, soit de tuiles, leurs pieds en emportent toujours quelques fragments qui en se réduisant en poussiere, peuvent tomber entre les piéces de l'ouvrage, & fermer les passages au feu. Pour prévenir cet inconvénient, les Tuiliers qui sont attentifs à leur travail, étendent une grosse toile sur la couche qu'ils ont formée ; & sur cette toile, ils mettent quelques voliches, sur lesquelles ils peuvent marcher ; ils retirent peu-à-peu cette toile & les planches, à mesure qu'ils forment un nouveau champ ; moyennant ce soin, ils empêchent le sable & les fragments de terre de tomber entre l'ouvrage qui a été arrangé.

On ne cuit jamais de tuiles ni de carreaux, qu'on n'ait mis sur la grille du four & au-devant des bouches vis-à-vis les ouvertures *IK* (*Planche III. Fig.* 6.), quelques rangs de briques pour recevoir la grande action du feu ; car c'est une régle générale, que quand on cuit dans un four différentes sortes d'ouvrages, il faut toujours mettre les piéces foibles au-dessus de celles qui sont plus fortes, ou qui sont d'un plus gros volume.

On voit (*Planche III. Fig.* 5.) comment dans nos fours à tuile on arrange le premier champ de briques sur le gril (*Fig.* 3.) & la disposition de ces briques est representée plus en grand (*Fig.* 9.) aux autres champs de briques, elles sont arrangées tout près les unes des autres : c'est par-dessus ces champs de briques, qu'on arrange les tuiles comme on le voit (*Fig.* 4).

De la façon de conduire le feu. Par M. Gallon.

On commence par mettre sous l'arcade de chaque bouche, un petit feu composé

composé chacun de trois grosses buches, & on y ajoute une quatrieme buche, au bout de vingt-quatre heures. C'est ce que les Tuiliers appellent *enfumer*, & les Potiers *tremper*; parce qu'effectivement les tuiles qui paroissoient seches deviennent fort humides. Il est toujours prudent de continuer long-tems le petit feu; au bout de trente-six ou quarante heures, & même beaucoup plus long-tems si les terres sont fortes, pour éviter que la tuile ne se fende & ne se déforme, on augmente peu-à-peu le petit feu: & ensuite on met le grand feu. Pour cet effet, on range un tas de buches tout-à-fait au fond des bouches; on tire en avant la braise, & on met de nouveau bois par-tout, ce qui fait un grand feu qu'on continue pendant vingt-quatre heures: dans cet espace de tems, on consomme jusqu'à dix-huit cordes de bois.

Quand on apperçoit que les gueules sont blanches, ou, comme disent les Ouvriers, qu'elles sont de la couleur de la flamme d'une chandelle, alors on rallentit le feu pour empêcher que la brique ou la tuile ne se fonde: quelque-tems après, on ranime le feu jusqu'à ce que la couleur blanche soit rétablie.

Si on apperçoit qu'il dégoute de la terre fondue entre les arches, on les débouche en poussant le bois vers le fond, & on ferme les portes du côté du vent qui anime le feu.

On couvre aussi de terre le dessus du fourneau, du côté où le feu se montre trop violent: & l'on fait des ouvertures aux côtés où l'action du feu paroît trop lente.

On finit par fermer toutes les bouches & toutes les ouvertures qui se sont faites, tant aux côtés qu'au-dessus du fourneau; l'ouvrage continue à se cuire, sans qu'on ajoute de nouveau bois: on laisse ensuite le fourneau se refroidir, avant d'en retirer l'ouvrage.

Etat de la paie qu'on donne aux Ouvriers. Par M. Gallon.

Aux environs du Havre, le maître Briquetier fournit tous les outils; il paie pour le tirage de la terre, la façon des briques, la mise en haie, 2 livres 10 sols du millier; une livre pour l'enfournage; une livre pour le transport dans la ville; une livre pour l'achat des terres.

Les roches, biscuits & autres déchets, sont sur le compte du Briquetier; total, 5 livres 10 sols pour un millier, & 550 livres pour la fournée de cent milliers; ajoutons dix-huit cordes de bois à 20 livres la corde, 360 livres; ce qui donne au total 910 livres; ce qui fait 9 livres 2 sols par millier. Le Maître Briquetier les vend à l'Entrepreneur 11 livres 10 sols, & l'Entrepreneur les compte au Roi 12 livres.

A l'égard de la tuile, le Marcheux gagne 4 livres pour remplir la fosse; 4 livres pour apporter l'eau qui sert à détremper la terre dans la fosse: 12 sols par millier pour corroyer la terre. Le Maître Ouvrier ou Mouleur, gagne 2 livres 5 ſols par millier; ſur quoi, il eſt tenu de payer l'Arrangeur & le petit Porteur : un bon Ouvrier moule douze à quinze cents tuiles par jour.

REMARQUES.

La premiere fois qu'on met le feu ſous une fournée, on a beaucoup de peine à l'allumer; l'humidité qui tranſpire de toutes parts empêche le feu de s'animer. Il eſt important de ne donner le grand feu que quand la chaleur a pénétré juſqu'à l'intérieur des ouvrages. C'eſt pourquoi nos Briquetiers conduiſent leur feu avec encore plus de ménagement que ne le dit M. Gallon.

D'abord, & pendant une couple de jours, ils font un petit feu de gros bois vis-à-vis les ſommiers *T*, (*Planche III*) *Fig. 1 & 6*; enſuite ils ſéparent le feu en deux, & ils mettent chaque moitié vis-à-vis les arches *S*, & l'entretiennent avec de gros bois.

On y met une couple de petites bourrées avec quelques buches bien ſéches. Quand la braiſe de ce bois eſt en partie conſumée, on y ajoute quelques autres bourrées & quelques buches. On entretient ce feu modéré pendant trente-ſix heures, en fourniſſant toujours un peu de bois : on examine enſuite le deſſus du four pour connoître ſi la fumée ſort également dans toute ſon étendue, ou par tous les ſoupiraux, ſi on en a pratiqué ; le quatrieme jour on augmente un peu le nombre des bourrées qu'on fait entrer ſous les arches ; & on continue à en augmenter peu à peu le nombre juſqu'au ſeptieme ou huitieme jour : alors, au lieu de ces bourrées, on emploie de bons fagots dont on augmente le nombre pendant deux jours pour établir le grand feu : ſi on n'apperçoit plus ſortir par le haut du four une fumée très-noire & épaiſſe, mais ſeulement celle du bois, on juge que l'humidité des terres s'eſt diſſipée, & que l'ouvrage eſt en cuiſſon; alors on augmente le feu de fagots pendant environ deux jours.

Il y a des Briquetiers qui mettent le petit feu au fond des arches, & qui l'attirent peu à peu vers le devant: ils font durer ce petit feu quinze à ſeize jours, en l'augmentant toujours peu à peu, de ſorte qu'ils conſomment cinq à ſix cordes de bois avant de mettre le grand feu. Alors ils ferment avec des briques & de la terre la moitié de la hauteur de la porte, qui communique de la chaufferie à la bombarde que l'on voit en *Y* (*Planche III Fig.* 1). Le grand feu ſe fait avec des fagots allumés dans la bombarde ou fournaiſe ; on les porte ſous les arches avec des fourches de fer, (*Fig.* 2), qui ont douze à quatorze pieds de longueur: ce grand feu dure quatre ou cinq jours & autant de nuits, & conſomme quatre à cinq milliers de fagots.

Si le feu paroiſſoit s'animer plus d'un côté que d'un autre, on l'augmenteroit dans les arches du côté où il eſt moins vif, & on couvriroit de terre au-deſſus du four, les endroits par où la chaleur s'échaperoit en plus grande quantité ; car la vivacité du feu ſe porte toujours vers l'endroit où le courant de la chaleur s'eſt établi.

Quand on ne voit plus ſortir par le haut du fourneau qu'une fumée claire, on augmente vivement le feu ; & au bout de deux ou trois jours, quand on voit le feu s'élever fort haut au-deſſus du four, on maçonne entiérement la porte qui communique de la chaufferie à la bombarde : on ferme auſſi les ſoupiraux ou lumieres du deſſus, ſi cette partie eſt voûtée ; ou bien, ſi le four eſt découvert, on couvre l'ouvrage d'un pied d'épaiſſeur de terre & de gazons. La chaleur étant ainſi retenue dans les fours bien bouchés, la terre continue à ſe cuire. Il eſt important de laiſſer refroidir l'ouvrage peu à peu : un refroidiſſement trop précipité feroit rompre les tuiles ; c'eſt pour cela qu'il ne faut ouvrir & vuider le four que quand l'ouvrage a preſque entiérement perdu ſa chaleur ; ce qui n'arrive dans les grands fours qu'au bout de cinq à ſix ſemaines.

Il eſt très-important que toute l'humidité de la terre ſoit diſſipée, & que la chaleur ait pénétré juſqu'au centre des briques, avant de donner le grand feu ; car j'ai vû des briques qui étoient vitrifiées à la ſuperficie, & dont la terre n'avoit pas encore perdu intérieurement ſa couleur naturelle : ces ſortes de briques ne valent abſolument rien.

Pour faire une bonne cuiſſon, il ne faut pas que le feu ſoit jamais interrompu, & il doit toujours agumenter d'activité, depuis le commencement de la cuiſſon juſqu'à la fin.

Une tuile qui n'eſt pas aſſez cuite s'attendrit lorſqu'on la met tremper dans l'eau: celles qui ſont trop pouſſées au feu ſe fondent; elles ſe vitrifient, elles ſe déforment, ou ſe collent les unes aux autres; ce qui fait ce qu'on appelle *des roches* : l'ouvrage alors eſt perdu. Le moyen de prévenir ces inconvénients, eſt de bien conduire le feu, & de ne pas ſe propoſer de précipiter la cuiſſon en faiſant d'abord un feu extrêmement vif. Le point de cuiſſon le plus convenable eſt une demi-vitrification : la nature des terres influe beaucoup ſur ce point.

Quelqu'attention que l'on ait à bien conduire la cuiſſon, il arrive ſouvent que l'ouvrage eſt fondu & déformé en certains endroits du fourneau, pendant qu'il n'eſt pas aſſez cuit en d'autres. Mais ces accidents arrivent moins fréquemment aux bons Cuiſeurs qu'aux autres.

Quand, dans une partie du fourneau les tuiles ou briques ne paroiſſent pas aſſez cuites, on en met tremper quelques-unes dans l'eau. Alors ſi elles s'y attendriſſent, on les met à part pour les remettre une ſeconde fois au four: ordinairement ces tuiles ainſi recuites ſont excellentes.

La bonne tuile doit être dure, ſonore & comme glacée à la ſuperficie, point poreuſe; d'une couleur uniforme; enfin elle ne doit point s'attendrir dans l'eau.

Les tuiles qui ont une petite courbure dans le ſens de leur longueur ſont très-commodes pour couvrir en plein toît; mais il eſt très-difficile d'en former les égouts: les tuiles entiérement plates ſont préférées pour cet uſage.

SECONDE PARTIE,

ART DE FABRIQUER LA BRIQUE,
& de la faire cuire au Charbon de Terre.

PAR M. FOURCROY;

Avec des notes tirées la plûpart des Mémoires de M. GALLON.

1. LES obſervations dont je vais rendre compte, ont eu pour objet la connoiſſance de la terre avec laquelle on fait la brique rouge en Artois & en Flandres, le long de la Lys, de l'Eſcaut & de la riviere d'Aa; les préparations que l'on donne à cette terre; & la façon de faire cuire la brique, avec la houille ou charbon de terre, lorſque la terre a reçu toutes les façons qui lui ſont néceſſaires.

2. Les différents procédés que l'on emploie dans cette groſſiere Manufacture, ſeroient une ample matiere à faire des eſſais, ſi l'on entreprenoit de conſtater leur plus ou leur moins d'utilité. On ſçait combien le préjugé & l'uſage dominent ſur tous les Arts méchaniques : & c'eſt ici comme dans tous les autres. Mais pour détruire les préventions, & reſtreindre la pratique des Ouvriers au ſeul néceſſaire ou au meilleur, il faudroit un travail conſidérable qu'il n'eſt pas toujours permis d'entreprendre aux gens qui en auroient la meilleure volonté. Je ne préſenterai donc dans ce Mémoire, que peu de réflexions ſur ce qui appartient à la théorie de l'Art du Briquetier, ayant été obligé de borner mon travail au tems que mes devoirs m'ont permis de donner à cette recherche.

Du choix de la terre à Briques.

3. LA terre à briques en général eſt de l'argile. J'entends par *l'argile* une terre vitreſcible, qui tient un milieu entre la glaiſe & le ſable, c'eſt-à-dire, comme je l'ai reconnu, une terre compoſée de l'une & de l'autre.

4. Lorſque l'argile approche plus de la qualité du ſable que de celle de la glaiſe, elle n'eſt point douce au toucher, point ſavoneuſe, ni quand elle eſt humide, ni quand elle eſt ſeche : c'eſt ce que je rends par le terme de *maigre.* Alors, ſi on la paitrit avec de l'eau, elle a peu de ductilité, ſe gerce & caſſe aiſément, ſe ſéche en peu de tems. Dans l'état de ſiccité, elle eſt communément d'un jaune-clair, très-friable ſous les doigts, légere & fort poreuſe.

5. Il paſſe pour certain dans les Briqueteries, que cette argile pure fabriquée en briques ne réuſſit pas, & que les briques qui en ſont formées ne prennent

point

point au feu le degré de consistance qui en doit faire la bonne qualité. On en fait un mélange avec la terre qui se trouve ordinairement à la surface du terrein d'où l'on tire l'argile ; cette seconde terre ressemble à celle des jardins : c'est la terre calcinable, celle qui produit les végétaux.

6. Lorsque l'on a reconnu dans une veine d'argile des caractères différents de ceux que je viens d'exposer ; lorsqu'elle se rapproche davantage des glaises, qu'elle est savonneuse, douce & trop *forte*, les briques que l'on en fabriqueroit se tourmenteroient au feu, perdroient leur forme, & ne seroient plus propres aux parements des maçonneries : le sable est nécessaire dans cette argile pour la *maigrir*.

7. Mais les plus experts dans l'Art de la Briqueterie ne reconnoissent à l'œil, gueres mieux que les plus novices, la véritable argile à briques, & celle qui en approche. Leur méthode en ce point m'a paru plus courte & plus sûre que toutes les recherches d'une Physique épineuse, qui, le plus souvent, n'apprennent qu'à douter. Si les Entrepreneurs d'une Briqueterie n'ont point encore essayé d'une veine d'argile, ils en font façonner soigneusement une toise cube, en font transporter les briques dans quelque fourneau voisin, & en observent le succès. Ils apprennent à peu de frais, par cette expérience réitérée plusieurs fois, s'il faut *maigrir* par le sable, ou adoucir par la terre de jardin, l'argile qu'ils éprouvent.

8. Il paroît que la nature nous offre assez généralement par-tout des veines d'argile très-propre à faire la brique, quoique l'œil y remarque beaucoup de variétés. En quelques endroits on emploie de purs *Acoulins* ou attérissements de rivieres, qui se sont durcis après un nombre d'années ; en d'autres, la terre des Potiers ne differe sensiblement en rien de celle des Briqueteries ; à Armentiéres, j'ai vû travailler en briques une veine de pure argile de quinze pieds d'épaisseur sans terre noire ; enfin, dans beaucoup d'autres atteliers, j'ai vû employer en briques un terrein dont la surface étoit une croûte de terre fort brune, de douze à quinze pouces d'épaisseur, peu fertile, & le dessous étoit un lit d'argile maigre (nº. 4.), tantôt de deux pieds, tantôt de quatre d'épaisseur. Les Ouvriers disent que l'on ne doit pas y regarder de si près ; & je serois effectivement tenté de croire, par les résultats bizarres de plusieurs expériences que j'ai faites sur ces mélanges, que par-tout, avec du soin, il est possible de faire d'excellentes briques.

9. J'observerai enfin, que la terre dont se servent par-tout les Potiers est de l'argile, mais choisie, d'autant plus franche & plus fine de grain, qu'ils en veulent faire des ouvrages plus aigres & plus minces. Le carreau pour les chambres ne me paroît être que la pure argile des Briqueteries, sans mélange de terre noire. La tuile étant plus mince que le carreau, il faut qu'elle ait le

grain plus ferré, pour ne pas laisser pénétrer l'eau des pluies dans les greniers. La poterie la plus commune n'est quelquefois pas si fine que la tuile, & laisseroit transsuder les liqueurs, si elle n'étoit enduite de son vernis. Tous ces ouvrages sont d'argile ou de glaise ; non-seulement, il n'y faut point de terre de jardin, mais plus on veut avoir des piéces fines & cassantes qui approchent de la faïance, plus il faut que leur matiere soit de glaise franche, & composée de parties douces au toucher. Il me paroît donc très-vraisemblable qu'en modifiant la terre des Potiers avec du sable, on auroit une argile très-propre à faire la brique.

REMARQUES.

SUIVANT M. GALLON, la terre à briques est communément de couleur jaune plus ou moins pâle, elle est grasse: pour peu qu'elle soit humectée, elle s'attache aisément à tout ce qu'elle touche, elle forme avec l'eau une pâte capable de devenir lisse & polie. Lorsqu'elle est nouvellement tirée à une certaine profondeur, elle contient assez d'humidité pour être paitrissable entre les doigts : quand elle est desséchée au point d'être pulvérisée & réduite en consistance de terre legere, elle pese 80 ou 85 livres le pied cube ; & cette même terre étant mouillée, battue, bien corroyée & réduite en état d'être moulée, pese 133 ou 135 livres le pied cube, soit à cause de l'eau dont elle est pénétrée, soit à cause du rapprochement des parties terreuses.

Le pied cube de terre ainsi préparée, produit dix-huit briques & un quart. Chaque brique au sortir du moule a neuf pouces de longueur, quatre pouces six lignes de largeur, & deux pouces trois lignes d'épaisseur.

Il n'est point essentiel à la terre à briques d'être jaune : on fait de très-bonnes briques avec de la terre de différente couleur : le poids & la ténacité sont des conditions plus importantes.

M. GALLON a fait mettre en dépôt pendant tout un hiver plusieurs espéces de terres à briques tirées le même jour. Il a fait sécher & triturer au même point parties égales de chacune de ces terres : la bonne pesoit 83 livres & demi le pied cube, & la médiocre seulement 80 livres. On assure cependant que certaines terres légéres donnent de meilleures briques que d'autres beaucoup plus pesantes. C'est, dit M. GALLON, ce que mes expériences ne m'ont point encore fait appercevoir. Peut-être aussi entend-on dire par *terres pesantes*, des terres trop grasses, trop fortes, qui se fondent & se déforment à la cuisson ; ou des terres trop fusibles qui, en s'attachant aux cendres & au charbon, font ce qu'on appelle *des roches* : M. GALLON en parlera plus amplement dans la suite. Ces terres trop argilleuses se corrigent, en y mêlant une terre noire qui se trouve ordinairement dans la fouille ; & il y a des terreins où ce mélange se trouve fait tout naturellement : par exemple, près Maubeuge, à la Couture Saint Quentin proche du Bois-des-Dames ; c'est avec cette terre qu'on a fait les briques qu'on a employées à la construction du revêtement & des fortifications de cette Place ; elle est tombée dans un parfait oubli, sans doute parce que les Briquetiers ont trouvé plus d'œconomie à faire ailleurs leurs établissements.

Il faut sur-tout éviter d'employer des terres trop alliées de sable, la brique ne prenant jamais beaucoup de consistance : certains sables très-fusibles produisent beaucoup de roches.

M. GALLON termine ses intéressantes Remarques par dire, comme M. FOURCROY, qu'on ne peut acquérir une parfaite connoissance sur la qualité des terres propres à faire de bonnes briques, qu'en les soumettant à l'action du feu par différents procédés qu'on peut varier à l'infini, ainsi que les préparations dont les terres sont susceptibles, & par lesquelles elles doivent passer avant la cuisson.

Des préparations de la terre à Briques.

10. ON peut distinguer en trois tems différents les préparations que reçoit la terre à briques avant sa cuisson, 1°. avant qu'elle entre dans le moule ; 2°. le tems de la mouler ; 3°. le tems de la faire sécher.

11. Il faut pour cela *Tirer* la terre, la *Détremper* & la *Battre*.

Maniere de tirer la terre.

12. TIRER la terre, c'est fouiller & retourner le terrein qu'on a reconnu avoir les qualités convenables. On détache & on enleve cette terre de sa place naturelle, & on la jette à quelques pieds de-là, en la retournant de façon que la terre de la surface se trouve confondue avec celle du fond de la veine. (Voyez *Planche VI*, *ABC*.)

13. Il est probable, que cette premiere opération sur la terre à briques, a pour objet d'établir le plus d'uniformité qu'il est possible dans la matiere, afin que toutes les briques qui en seront formées soient de même qualité : elle est donc indispensable, lorsque la matiere doit être un mélange de la surface du terrein, ou terre noire avec l'argile inférieure. Pour parvenir à rendre ce mélange facile, on fait, en beaucoup d'endroits, *tirer* la terre à la fin de l'automne ; & après en avoir déplacé un monceau suffisant pour fabriquer la quantité de briques que l'on se propose de faire, on laisse ce monceau passer l'hyver à sa nouvelle place. Si la matiere totale destinée pour la brique est par elle-même homogène, & n'a pas besoin de mélange ; comme il faudra au moins la bien paitrir, & en faire parvenir toute la masse à un degré de consistance & d'humidité parfaitement égal, ce travail sera toujours moins long & moins coûteux en faisant *tirer* la terre avant l'hiver. Il n'est pas douteux, que les gelées & les dégels ne fondent & ne dissolvent à un certain point les grumeaux, & les molécules de cette terre nouvellement remuée ; & que les pluies, en la pénétrant aisément, ne la disposent au mélange & à l'uniformité que l'on y desire. Cependant en certains cantons on est dans l'usage de tirer la terre, la travailler & l'employer tout de suite.

14. Lorsque différentes expériences ont indiqué (n°. 7.) l'espece de terre dont on doit se servir pour une Briqueterie, il faut veiller à ce que les Ouvriers employés à la *tirer*, suivent exactement la veine, & observent les doses du mélange qu'on leur aura prescrites.

Attelier du Mouleur.

15. La terre ainsi *tirée* (n°. 12.), on la livre au Chef d'un attelier composé de six hommes, que l'on appelle sur toute notre frontiere, au Nord, *une Table de briques*. Ce sont ces six hommes qui entreprennent de façonner toute la terre nécessaire pour un fourneau, depuis qu'elle a été *tirée*, jusqu'à ce qu'elle soit mise en place pour sécher. Entre ces six hommes, le *Mouleur* est le chef ; deux autres sont nommés *Batteurs* ou *Déméleurs* ; un le *Brouetteur* ; un autre le *Metteur en haie* ou *Enhayeur* ; & le dernier le *Porteur*.

Préparations du terrein.

16. Le premier travail de ces six hommes, est de préparer le terrein de la Briqueterie. Un établissement pour fabriquer cinq cents milliers de briques en un seul fourneau, doit, pour être commode, occuper un espace d'environ treize cents toises de surface. La Planche V le représente par un parallélogramme rectangle de vingt-cinq toises de large sur le double de longueur, dont le sol doit, si cela se peut, avoir un ou deux pieds de pente vers un de ses côtés, pour que les eaux de pluie n'y séjournent pas. Dans cet espace n'est point compris l'emplacement d'où la terre a été *tirée*. Le monceau des terres *tirées* *AA* (n°. 12.) occupe encore environ dix toises au bout de la Briqueterie, sur toute sa largeur de vingt-cinq toises.

17. Le sol de la Briqueterie doit d'abord être dressé; on en recomble tous les sillons : on en abat toutes les inégalités. On divise sa surface en plusieurs espaces alignés au cordeau, dont ceux destinés à recevoir les *Haies* de briques *MM* (*Pl. V.*) pour les sécher, peuvent avoir chacun huit pieds de large, & leurs intervalles alternatifs *NN*, environ vingt pieds, pour y travailler la brique ou former les rues entre les *haies* : les Ouvriers appellent *Places* ces rues.

18. Chaque espace *MM*, destiné pour une *haie* de briques, est enceint d'une rigole de huit pouces de large, dont les terres se relevent & s'étendent en-dedans : cette rigole reçoit les eaux de pluie, & tient à sec le pied de la *haie*.

19. Les intervalles ou les *places* *NN* entre les *haies*, sont exactement pelées avec *des Pelles de tôle*, (*Planche IV. Fig.* 1), ou avec des *Houes à nettoyer* (*Fig.* 2) pour en ôter les herbes, bien ratissées, & battues à la *Dame* (*Fig.* 3), s'il y a des terres fraîchement remuées. Quand les *places* sont parfaitement unies & régalées, suivant la pente naturelle du terrein (n°. 16), on y seme du sable, que l'on y étend avec le *Poussoir* (*Fig.* 4). Ce que le *Rateau* (*Fig.* 5) emporte de ces *places*, se releve encore sur l'enceinte des *haies*, pour en établir le pied quatre à cinq pouces plus haut que le terrein des *places*.

20. On bat de même à la dame, & on régale l'intérieur des *haies*, pour qu'il n'y ait rien de raboteux. On y étend une couche de pailles minces & bien jointives, afin que les briques ne portent point sur la terre, & aient un peu d'air par-dessous.

21. A l'une des extrémités du terrein, les Ouvriers établissent une barraque *O* (*Planche V.*) de vingt pieds de long, sur seize de largeur par le bas. L'un de ses pignons est formé de briques & d'argile, & supporte une cheminée : tout le reste est de bois & de *paillassons* (*Planche IV. Fig.* 11) ; c'est-là qu'avec une table, quelques planches & bottes de paille pour leur servir de lits,

lits, les six hommes de l'attelier, & une de leurs femmes, qui ordinairement les suit pour faire leur ménage & les aider, passent tout le tems du travail sans retourner à leur village.

22. Le Pays de Liége fournit les Ouvriers en ce genre à toute notre frontiére, ainsi qu'à nos voisins : j'ai vû travailler à la brique des Liégeois, hommes & femmes, jusques dans le Duché de Hanovre.

23. A peu de distance de la baraque O, (*Planche V.*) ils en construisent une autre P, avec de menus bois & des *paillassons* de douze pieds de long & huit de large, pour y conserver séchement la provision de sable. Les voitures qui y transportent le sable, le déchargent en tas Q auprès de cette baraque sur un terrein pellé & régalé d'avance. Là on l'étale au soleil avec des *rateaux*; & lorsqu'il est bien sec, on le met à couvert sous la baraque au sable P. Le sable.

24. Tout le sable que l'on emploie dans les Briqueteries est du sable de carriere très-fin, du grain de celui que l'on appelle à Paris, *sablon* :

Y, Z représentent le plan & l'élévation d'un four.

25. Lorsque le terrein est ainsi préparé, il faut encore avoir de l'eau le long du monceau des terres *tirées*. On ne manque pas de profiter pour céla de celles qui pourroient s'être amassées dans quelques mares ou fossés du voisinage ; sinon, on emploie les six hommes de la *table de briques* (N°. 1.) à creuser un puits R, *Planches V & VI.*, avec une rigole S, & plusieurs petits bassins E E sur sa longueur, où l'eau puisse s'amasser & être puisée avec les écopes, (*Planche IV. Fig.* 7). L'Entrepreneur de la Briqueterie fait adapter à ce puits le treuil, les seaux & les planches nécessaires ; & lorsqu'il se propose de faire fabriquer successivement au même lieu plusieurs fourneaux considérables, comme de cinq à six cents milliers, il fait revêtir ce puits de maçonnerie pour éviter l'entretien. Si le terrein est trop élevé pour y réunir facilement l'eau, il faut l'y transporter sur des voitures, & substituer des bacquets à la rigole & aux bassins. L'eau.

26. Aussi-tôt que la *table* commence à mouler, le *Rouleur* & le *Metteur en haie* sont chargés du soin de tirer l'eau du puits, & de la fournir à la rigole lorsque les *Batteurs* leur font signal de venir à ce travail.

Travail des Batteurs. Détremper la Terre.

27. Les Batteurs E (*Planche VI, Fig.* 1.) armés d'écopes commencent par arroser le profil D des terres *tirées* (n°. 12.) pour le bien imbiber ; puis avec des *pellettes* (*Planche IV. Fig.* 8.), ils coupent les terres assez minces en F (*Planche VI. Fig.* 1.) vers le pied du profil D, les jettent & les en éloignent d'environ six pieds. Le haut du profil des terres tombe bien-tôt, & on rejette

pareillement ces terres ſur les premieres, pour en faire un nouveau monceau.

28. Dès que l'on a formé un tas de ces terres de ſix à huit pouces d'épaiſſeur, ſur une baſe à peu-près circulaire de ſept à huit pieds de diametre, on l'arroſe de beaucoup d'eau. On continue d'arroſer le profil des terres *D*, & d'en relever ce que l'on en fait tomber, en s'aidant quelquefois de la *houe* (*Planche IV. Fig.* 9.), & de ſon talon pour les émietter plus facilement, en arroſant toujours largement. Cette manœuvre ſe répete juſqu'à ce que les *Batteurs* en aient juſqu'aux genoux vers le milieu du nouveau tas.

29. Pour détremper cette terre bien également, & faire pénétrer l'eau partout, les deux Batteurs prennent chacun une houe, avec laquelle ils la tirent à eux peu-à-peu, comme en *G* (*Planche VI. Fig.* 1.), faiſant ainſi changer de place à tout le monceau, qu'ils remanient de même deux fois de ſuite en l'arroſant fréquemment.

Battre la Terre.

30. La terre a pris à peu-près la conſiſtance d'un mortier un peu ferme, lorſqu'ils commencent à la battre. On l'arroſe & on la retourne avec des *pellettes*, la faiſant encore changer de place, comme en *H* (*Planche VI. Fig.* 1.). Enfin, on prend une houe avec laquelle on la remue de nouveau la tirant à ſoi; & chaque fois que le Batteur l'a élevée devant lui d'environ dix-huit pouces, il la bat en *I*, à grands coups du talon de la *houe*, pendant que l'autre continue en *H* à en retourner une autre portion avec la *pellette*. Ils manient ainſi tout le monceau, auquel ils donnent la derniere façon, qui conſiſte à le relever en *K*, ſur quatre à cinq pieds d'épaiſſeur avec des pelles de bois (*Planche IV. Fig.* 10.), attendu que ce mortier devient un peu coulant. Ils uniſſent la ſurface du nouveau tas *L* (*Planche VI.*), & le couvrent de *paillaſſons*, pour empêcher l'ardeur du ſoleil de le deſſécher. Cette façon de rendre égale & luiſante la ſurface de cette terre molle, contribue à y entretenir la fraîcheur, & empêche que les brins de paille qui tombent des paillaſſons ne ſe mêlent avec la matiere, enſorte qu'on les en retire plus facilement, lorſqu'on enleve les paillaſſons pour mouler la terre.

31. Chaque fois que cette terre change de place, on en releve les bords tout autour avec des *pelles*, pour ne point perdre les bavûres que les pieds entraînent à chaque mouvement. Les Batteurs ne doivent pas manquer non plus d'en rejetter toutes les pierres & graviers qu'ils y rencontrent: ce ſeroit autant de corps hétérogenes nuiſibles dans la maſſe.

32. Les Batteurs ſont continuellement dans la terre molle juſqu'aux genoux: auſſi ne ſont-ils vêtus que d'une chemiſe, d'un caleçon fort court, & d'un bonnet. Comme la terre s'attache à tous leurs outils, & les rend peſants à manier, ils ont chacun une petite *ratiſſette* de bois, avec laquelle ils les nettoient de tems-en-tems: & quand ils changent d'outils, ils ont ſoin de les laver.

33. Dans les environs de Saint-Quentin & ailleurs, on démêle & on paitrit la terre en la pietinant : & on la corroie avec des *rabots* ou *bouloirs*.

34. On conçoit aisément que toutes ces préparations de la terre avant de la mouler, ont pour but, comme je l'ai dit (n°. 13.), d'en assouplir également & d'en atténuer toutes les parties, tant pour la rendre propre, par la ductilité qu'elle acquiert, à la forme que l'on veut lui faire prendre, que pour donner à toute la masse le plus d'homogénéïté qu'il est possible. Les mortiers, les plâtres, les ciments doivent être paitris, pour insinuer l'eau dans toute leur masse, pour bien amalgamer les différents ingrédients qui les composent, & pour les rendre propres à devenir un tout, d'autant plus solide & plus dur, que leur matiere aura été réduite en parties plus déliées.

35. Il est généralement vrai & reconnu en Flandres, que les briques ordinaires des Marchands, sont d'une qualité fort inférieure à celles que l'on emploie dans les travaux du Roi. L'une des raisons auxquelles il me semble que l'on puisse attribuer cette différence, c'est la petite œconomie que font les Marchands, de ne composer la *table de briques* (n°. 15.) que de cinq hommes, au lieu de six. Un seul homme alors doit préparer toute la terre : elle ne reçoit en conséquence que la moitié des façons qui lui sont vraisemblablement indispensables.

36. Mais il faudroit avoir suivi beaucoup d'épreuves, pour déterminer précisément à quel point il faut avoir corroyé telle ou telle espece de terre pour sa perfection, & en quelle proportion l'eau doit y être administrée. On a prescrit, avec raison, des regles certaines pour abreuver les mortiers, quoiqu'elles ne soient gueres suivies : ici il faudra que presque toute l'eau soit évaporée de la brique avant la cuisson ; il doit donc être inutile, s'il n'est pas nuisible, d'y en faire entrer trop. M. Gleize, de l'Académie de Toulouse (*Merc. de Fr. Décemb.* 1749.), dit avoir reconnu qu'il faut un demi-pied cube d'eau, pour chaque pied cube de terre ; que cette quantité d'eau, loin d'en augmenter le volume, le diminue d'environ $\frac{1}{15}$, & que la densité de la terre paitrie & préparée se trouve augmentée d'environ $\frac{1}{5}$. Je n'ai point lû le détail de ses expériences ; ces objets pourroient mériter nos recherches : mais je n'ai pû y donner assez de tems. Il passe pour certain entre les gens qui font fabriquer la brique avec quelqu'attention, que l'on doit surveiller de près les Batteurs ; que quand la terre est difficile à corroyer, ils sont sujets à la détremper beaucoup plus qu'il ne faut pour épargner leurs bras & leur tems : & qu'il en arrive souvent un déchet considérable sur les fourneaux.

37. La préparation d'un monceau de terre *L* (*Planche VI. Fig.* 1.) d'environ cinquante pieds cubes, telle que je viens de la décrire, est l'affaire d'une heure & demie de travail.

REMARQUES.

SUIVANT M. GALLON, la terre dont on se propose de faire usage, étant, après plusieurs sondes, reconnue bonne, on la fouille, & on la tire depuis le premier Novembre jusqu'à la fin de Décembre. Pour cela, on fait une excavation par échelons ou banquettes, d'environ 15 pouces en tout sens: ce déblai est amoncelé, comme on le voit en *A*, (*Planches V & VI*), où il reste tout l'hiver: on ne commence à le travailler qu'au mois de Mai suivant.

Quand la terre du dessus & du fond seroit de même nature, elle auroit plus ou moins de consistance, suivant la profondeur où on la prendroit. Comme il faut qu'elle fasse un corps homogène, il est bon, dans cette premiere opération, que ce qui a été peu exposé aux impressions de la gelée, le soit par préférence; & la disposition des banquettes procure cet avantage, puisque les terres qu'on tire du fond de la tranchée, se trouvent au-dessus du tas, & que le mélange des terres noires avec les argilleuses est commencé: les excavations sont ordinairement de 4, 5 ou 6 pieds de profondeur.

Les terres qui séjournent en tas pendant plusieurs hivers, n'en sont que meilleures, pourvû sur-tout qu'on les remue une fois chaque année. Quant à la quantité des terres qu'on tire, elle se proportionne au nombre de *tables*, dont le Briquetier se propose de composer son attelier.

Les *tables* étant disposées à portée de chaque dépôt de terre, les Ouvriers affectés à chaque table, en font des couches d'environ sept à huit pieds de diametre, & d'un pied d'épaisseur; ils mouillent cette terre; ils la laissent prendre son eau; ensuite ils la paitrissent avec les pieds; ils la battent au hoyau, la retournent, la polissent avec la pelle, & la corroyent avec plus ou moins de précaution, suivant que le maitre Briqueteur prête plus ou moins d'attention à son ouvrage. Mais ces Ouvriers sont souvent plutôt conduits par l'appât du gain, que par le desir de perfectionner leur travail. Au reste, ce point est important; car les terres mal corroyées font des briques remplies de nœuds & très-defectueuses. La méthode de corroyer la terre avec les pieds, comme M. FOURCROY dit qu'on le pratique à Saint-Quentin, me paroît meilleure que celle des endroits où l'on se contente de la retourner avec la pelle & la houe. M. GALLON a fait à ce sujet des expériences très-curieuses dont on trouvera le détail à la fin de ces Mémoires.

Travail du Mouleur, ou moulage de la Brique.

38. LORSQUE la terre est préparée, le *Brouetteur* la transporte au *Mouleur*. Il en charge chaque fois en *V* (*Planche VI. Fig. 1.*) sur sa *brouette*, de quoi former quatre-vingts à cent briques. Il a eu soin de se préparer un chemin de planches *Z*, depuis le monceau *L* des terres préparées, jusqu'à *la table à mouler d*, tant pour avoir un roulage plus commode, que pour empêcher la roue de sillonner la *place* N (*Planches V & VI.*) qui a été régalée & sablée (n°. 19.). En arrivant à la *table à mouler*, il renverse sa charge auprès du *Mouleur*. Il prend encore soin de couvrir de *paillassons* cet approvisionnement *a*, & ramasse le long de son chemin ce qui peut être tombé de sa brouette en voiturant.

39. Il a eu soin précédemment de ratisser, avec le *Poussoir*, tout le terrein où l'on va travailler; d'y apporter du sable, tant pour l'étendre par-tout où l'on mettra des briques, que pour en fournir la *Minette b*: il a eu soin aussi de faire remplir d'eau le *bacquet c*.

40. Le *Porteur V** est ordinairement le plus jeune de tous ces Ouvriers: c'est entr'eux le moindre grade & l'apprentissage. C'est cet enfant, âgé quelquefois de douze à quatorze ans, qui a posé *la table à mouler d*, au lieu où l'on va travailler

travailler ; il a nettoyé & lavé tous les outils du *Mouleur* dans un séau d'eau, que le Brouetteur lui a fourni sur le lieu même ; il en a empli le bacquet *c* : & il a tendu un cordeau à l'extrémité de la *place*, pour guider & aligner droit la premiere rangée de briques qu'il y doit poser.

41. C'est ensuite de tous ces préparatifs, que le Mouleur commence ses fonctions. Le coin de la *table à mouler* a été saupoudré d'un peu de sable, ainsi que l'un des deux *moules e*, qui est posé sur ce coin. Le Mouleur *t* plonge ses bras dans le tas de terre *a* ; il en coupe un morceau de quatorze à quinze livres pesant ; le jette d'abord entier sur la case du moule la plus près de lui ; rase en même-tems cette case à la main, en y entassant la matiere ; jette ce qu'il y a de trop sur la seconde case, qui n'a pas été remplie du premier coup comme la premiere ; il rase aussi cette case à la main en entassant, & remplit les vuides qui s'y trouvent ; saisissant en même-tems de la main droite la *plane f* qui se présente par son manche au bord du *bacquet* où elle trempe dans l'eau, il la passe fortement sur le *moule*, pour enlever tout ce qui déborde les vingt-huit à vingt-neuf lignes d'épaisseur que doivent avoir les deux briques, & donne un petit coup du plat de la *plane*, comme d'une truelle, sur le milieu du *moule*, pour séparer les deux briques l'une de l'autre : il dépose le reste de la terre à côté de lui sur la *table*.

42. Dans l'instant, le *Porteur V** tire à lui le *moule* par les oreilles, & le faisant glisser au bord de la *table*, il l'enleve à deux mains en le renversant & le dressant adroitement sur son champ, de façon que les deux briques, encore toutes molles, ne puissent ni tomber, ni se déformer. Il va porter ces deux briques le long de son cordeau (n°. 40.) ; là, il présente le *moule* près de terre, comme s'il vouloit le poser sur son champ ; puis le renversant subitement à plat, il applique juste le moule & les deux briques à plat sur terre, & retire son *moule* en enhaut, prenant bien garde d'observer l'à-plomb dans ce dernier mouvement, qui défigureroit immanquablement les deux briques, pour peu qu'il eût d'obliquité.

43. Aussi-tôt le *Porteur* revient à la *minette b* avec son *moule* ; il le jette dans cette *minette* remplie de sable, l'en saupoudre légérement, & l'en frotte tout autour avec la main.

44. Pendant son voyage & ses mouvements, qui n'ont pas duré plus de huit à dix secondes de tems, le *Mouleur* a déja formé deux autres briques, que le *Porteur* enleve comme les premieres. Ainsi, le *Mouleur* reprend sur le champ dans la *minette* le second *moule* d'une main, & un peu de sable de l'autre pour frotter sa *table*, & tous deux recommencent les mêmes manœuvres que l'on vient de décrire (n°s. 41, 42 & 43.)

45. Ces manœuvres sont amusantes à observer, parce qu'elles se font avec

Force des Ouvriers de cet attelier.

une grande promptitude, & une diligence que l'on ne rencontre pas à beaucoup près dans la plûpart des autres atteliers. C'eſt particuliérement à la vûe de ce vif exercice, que naît la curioſité de ſçavoir combien ce Mouleur peut former de briques dans ſa journée. On apprend qu'un bon Mouleur ordinaire en fait neuf à dix milliers, pourvû qu'il puiſſe travailler douze à treize heures, comme il le fait ſi le tems le permet.

46. On peut juger par-là du travail de tous les autres Ouvriers de la *table*; neuf à dix milliers de briques exigent entre quatre cents & quatre cents quarante pieds cubes de matiere préparée, c'eſt-à-dire, près de deux toiſes cubes. Il faut que les deux *Batteurs* (n°. 27. & ſuiv.) fourniſſent dans leur journée à cette conſommation, en la remplaçant au magazin *L*, pour que rien ne languiſſe; il faut que le *Rouleur* (n°. 38.) la tranſporte, & que la même quantité de neuf à dix milliers de briques paſſe ſucceſſivement dans la même journée par les mains du *Porteur* (n°s. 42 & 44.), & *du Metteur en haie* dont nous parlerons plus bas.

47. Ce travail, de près de deux toiſes cubes de terre maniées en détail par un ſeul homme, en douze ou treize heures de tems, m'avoit d'abord paru prodigieux. Mais il n'en eſt pas moins conſtant, & je me ſuis aſſuré depuis, qu'à Armentieres, il ſe trouvoit un *Mouleur* d'une force extraordinaire, qui fabriquoit, quand il vouloit, entre deux ſoleils, plus de trois toiſes & demie cubes de matiere, c'eſt-à-dire, quinze à dix-huit milliers de briques, dans un *moule* qui n'en recevoit qu'une à la fois, & d'un échantillon un peu plus petit que celui de notre exemple. Cet Ouvrier fourniſſoit à deux *Porteurs*, & chargeoit ſa table de toute la terre qu'elle pouvoit porter : s'il avoit fallu qu'il ſe baiſſât pour chaque brique (n°. 41.), il n'en auroit pas fait la moitié. Un bon *Mouleur* ordinaire, qui ne moule qu'une ſeule brique à la fois, ne forme pas plus de ſept à huit milliers de briques dans ſa journée.

48. On a remarqué dans les remuements de terres, qu'un homme vigoureux fouille & charge ſur une brouette en douze heures de travail, juſqu'à deux toiſes cubes d'une terre douce qui ſe coupe facilement au louchet; & qu'un autre également fort, peut en rouler juſqu'à quatre toiſes cubes, à quinze toiſes de diſtance. Dans notre Briqueterie, les deux *Batteurs* ne préparent pas tout-à-fait juſqu'à deux toiſes cubes; mais on a vû (n°. 27 & ſuiv.) qu'ils la manient au moins cinq fois, & qu'ils l'arroſent trois ou quatre; le *Brouetteur*, qui les voiture à vingt toiſes réduites de diſtance, eſt encore chargé de beaucoup d'autres ſoins (n°s. 26, 38 & 39), ainſi que le *Metteur en haie* : enſorte qu'il eſt vrai de dire, qu'un pareil attelier exige des gens qui ſoient tous capables de réſiſter à une grande fatigue.

49. Il eſt eſſentiel que le *Mouleur* ait la main formée à ſon exercice, afin que

la matiere soit d'une égale densité dans toutes les briques, & qu'il ne s'y rencontre pas des vuides ou des inégalités de compression, qui se feroient remarquer au fourneau. Les briques moins comprimées que d'autres dans le *moule*, se déforment en séchant & en cuisant; elles ne conservent pas leur échantillon, & peuvent aussi déranger les progrès du feu dans le fourneau. On doit prendre garde que le *Mouleur* ne se néglige pour fabriquer quelques cents de plus dans sa journée.

50. Il faut encore que le *Mouleur* ait l'attention de réparer souvent sa *plane*; le frottement fréquent qu'elle éprouve sur les bords ferrés du *moule*, approfondit les entailles de cette *plane*. (Voyez *l'Explication des Figures*) : par conséquent elle entre plus avant dans le *moule*, & en enleve plus de terre qu'auparavant. Pour que son effet soit toujours le même, le *Mouleur* doit recouper le bord inférieur de cet outil, dès qu'il sent qu'il accroche les traverses du *moule*.

Quantité du sable.

51. Dans toutes les manœuvres précédentes, on emploie beaucoup de sable. J'ai vû des cantons où il en faut deux cents tombereaux, faisant trois mille deux cents pieds cubes, pour la fabrication de cinq cents milliers de briques, c'est-à-dire, environ trente-un pieds cubes de sable par toise cube de matiere : mais il y a des terres qui ne sont sujettes, ni à se gercer, ni à s'attacher. Il ne faut à Armentieres qu'une brouettée de sable par millier de briques : ce qui fait cinq pieds cubes de sable par toise cube de terre. Il s'y rencontre par-là une espéce de compensation de la rareté du sable, que l'on est obligé de tirer de Gand par l'Escaut & la Lys. La Briqueterie d'Armentieres fournit à Gand un bateau des meilleures briques pour deux bateaux de sable, tous trois égaux en dimensions & chargés au même point, c'est-à-dire, tirant même hauteur d'eau.

52. L'attelier du *Mouleur* ou la *table de briques*, auroit fini sa tâche de cinq cents milliers en deux mois, s'il ne survenoit pas des chommages forcés par les pluies. Mais comme elles sont assez fréquentes en Mai & en Juin, saison de fabriquer la brique, ce travail dure ordinairement trois mois.

53. Lorsque le *Mouleur* a travaillé tout le long de l'une des *places* N N (*Planche V.*), le *Porteur* transporte sa table dans la place suivante : & il les parcourt toutes ainsi successivement.

Travail du Metteur en haie, ou façon de sécher la Brique.

54. Si le tems est beau & qu'il fasse du soleil, il ne faut pas plus de dix ou douze heures à ces briques rangées à plat sur le sable (nº. 42.), pour se ressuyer & prendre consistance au point de pouvoir être maniées sans se déformer.

55. Si le tems est couvert & qu'il survienne des coups de soleil vifs, ils peuvent précipiter trop la dessiccation des briques à leur surface supérieure, les faire gercer & casser. Alors le Metteur en haie doit les saupoudrer de sable, pour

ralentir l'évaporation de leur humidité : il doit même quelquefois les couvrir de paillassons, sur-tout s'il survient une grosse pluie.

56. Lorsque les doigts ne s'impriment plus dans la brique, & qu'elle a déja acquis de la solidité, le Metteur en haie qui attend ce moment pour commencer son travail, va d'abord *parer* les briques : de-là il les transporte & les arrange sur les haies.

Parer les briques.

57. On conçoit qu'en retirant le moule chargé de dessus la *table à mouler* (n°. 42.), la surface inférieure des briques peut recevoir quelques égratignures qui amassent un peu de matiere aux bords de cette surface, & qu'en appliquant contre terre cette pâte molle qui sort du moule, il peut s'amasser encore quelques ordures autour, & s'y faire quelques soufflures aux flancs ou côtés de la brique dont les angles touchent la terre, ce qui altere un peu la figure parallélipipédale que la brique doit conserver. Pour leur rendre exactement leur forme, ce qui s'appelle les *parer*, le Metteur en haies se présente en *X* (*Planche VII. Fig.* 1 & 2.), sur le flanc des rangées, tenant à sa main un couteau ordinaire. Il passe ce couteau le long du bout des briques qui sont le plus près de lui, & coupe par ce mouvement les bavûres de l'un des bouts ; puis il met de l'autre main chaque brique sur son champ, sans lui faire perdre terre ; en même-tems, il passe légérement le couteau sur le bout le plus éloigné, & sur le flanc qui se présente en enhaut : ainsi les quatre côtés se trouvent parés. On voit que par le mouvement du moule, lorsqu'il abandonne la brique sur terre (n°. 42.) les bords du plan supérieur de la brique se trouvent parfaitement parés & arrangés ; ensorte que les quatre angles de ce plan supérieur n'ont pas besoin d'être rognés par le couteau, non plus que l'angle du plan inférieur qui sert de centre au mouvement de la brique, lorsque le Metteur en haie la releve sur son champ : les bavûres de celui-ci qui sont séches & fort minces, se cassent & s'abattent d'elles-mêmes contre terre.

Relever les briques.

58. On ne prend pas la peine de parer les briques dans toutes les Briqueteries. On se contente pour l'ordinaire chez les Marchands, de les relever sur leur champ. Mais j'ai dressé ce Mémoire sur le travail d'un attelier, où l'on se donnoit des soins pour fabriquer des briques les plus belles & les meilleures qu'il étoit possible, quoiqu'avec œconomie.

59. Le premier mouvement du couteau le long des briques (n°. 57.), a rasé & *paré* autant de briques du premier rang par un bout, que le bras de l'homme en peut rencontrer dans l'attitude où il se met, c'est-à-dire, douze ou quinze d'un seul coup. Alors, en relevant ce premier rang sur son champ, il en dérange deux qu'il resserre un peu contre les autres, pour pouvoir placer son pied dans leur intervalle, & passer au second rang : successivement il met ainsi tous les rangs sur leur champ.

60. Si

60. Si le tems est beau & ne menace pas de pluie, le Metteur en haie continue ce travail, tant qu'il a des briques à relever. Mais si le tems est douteux, il va les arranger sur les haies à mesure qu'il y en a quelques cents de *parées*.

61. Cette attention est fondée sur ce que la brique crue qui reçoit la pluie sur son champ, se déforme très-facilement & se réduit en morceaux; au lieu que mouillée par ses grandes surfaces, elle résiste davantage & n'est pas si-tôt hors de service.

REMARQUES.

Les Ouvriers employés au service de chaque table, sont, dit M. Gallon, 1°. le *Mouleur*, qui est payé à raison de 10 s. le millier : il peut mouler 3500 à 4000 briques par jour : 2°. les *Batteurs* de terre, à qui on donne 8 s. 9 deniers du millier : 3°. le *Rouleur*, qui aidoit autrefois au Batteur ; & comme leur travail étoit en société, ils avoient ensemble 12 s. 6 deniers du millier : 4°. le *Releveur* ou *Remetteur* en haie, 5 s. 6 deniers du millier : 5°. le *petit Porteur*, qui gagne 4 s. du millier. Voilà quel devroit être le nombre d'Ouvriers par *table* : mais il n'y en a plus maintenant que quatre ; on a supprimé le Rouleur, aux dépens de la bonne façon qu'on donnoit autrefois aux terres.

Chaque table est fournie de deux moules, d'une plane que le Mouleur doit rétablir de tems en tems à mesure qu'elle s'use sur le fer qui revêt le bord du moule ; un bacquet rempli d'eau & dans laquelle trempe continuellement la plane ; un grand baquet qui contient le sable.

MM. Gallon & Fourcroy admirent la vivacité qui régne dans une Briqueterie bien montée, & l'adresse avec laquelle toutes les opérations s'exécutent. Il seroit inutile de les rapporter en détail ; elles ont été très-exactement décrites par M. Fourcroy. Mais, pour accélérer l'ouvrage, & dans la vûe de gagner davantage, il arrive souvent qu'on mouille trop la terre : les briques en seroient certainement meilleures, si la pâte étoit plus ferme & mieux corroyée.

Quand les briques ont pris assez de consistance pour être maniées sans qu'elles rompent, ce qui est ordinairement au bout de 12 ou 15 heures, on les redresse & on les met en haie. Comme dans les grands atteliers, on n'a point de hangar, la pluie est fort à craindre ; c'est pourquoi, lorsque le tems paroît menacer de pluie ou de quelque orage, tous les Ouvriers quittent leurs travaux pour former les haies qu'on couvre avec des paillassons.

62. Le Metteur en haie, lorsqu'il a paré les briques, les transporte avec la brouette (*Planche VII. Fig.* 1.) au pied des haies *MM*. Là, il les arrange toutes sur leur champ en *X*, & les pose l'une sur l'autre, de façon qu'elles occupent le moins d'espace qu'il est possible. Il faut aussi que l'air les frappe de tous côtés, & que les briques aient entr'elles le moins de contact que leur forme puisse le permettre. La Figure premiere de la Planche VII, fera mieux entendre en *e* & *f*, que ne feroient de longues descriptions, comment toutes ces conditions se rencontrent dans l'arrangement des haies. Enhayer les briques.

63. Les *haies* sont des especes de murailles, auxquelles on ne donne que quatre briques d'épaisseur, lorsque l'on a tout l'espace nécessaire pour travailler. Pour qu'elles puissent se soutenir sans accident sur la hauteur de cinq pieds, on observe d'en construire les extrémités un peu plus solidement que le reste, & de maintenir la *haie* bien à-plomb sur toute sa longueur.

64. On peut remarquer par le plan en *e*, & le profil en *f*, que la haie se trouve divisée en autant de *feuilles* qu'elle a de briques d'épaisseur. Lorsque

l'eſpace de l'attelier n'eſt pas auſſi vaſte que le repréſente la figure 1, on augmente les mêmes haies juſqu'à huit & neuf *feuilles* d'épaiſſeur; mais il faut avoir l'attention de laiſſer ſécher les premieres feuilles, avant d'y en ajouter de nouvelles. J'ai vû l'exemple d'une Briqueterie, dans laquelle travailloient deux *tables* à la fois; les deux Metteurs en haie placerent en même-tems juſqu'à neuf feuilles ſur un même pied. Au bout de quatre mois ces briques n'étoient pas à moitié ſéches, & par conſéquent hors d'état d'être enfournées. L'action du ſoleil ne peut pénétrer une ſi grande épaiſſeur, & l'air qui circule entre les joints ne fait que renvoyer l'humidité d'une brique à l'autre. C'eſt pour éviter cet inconvénient, que le Mouleur doit changer ſa table de *place* ſucceſſivement (n°. 53.), pour que le Metteur en haie ne forme jamais ſa haie de plus de quatre feuilles en la commençant: & quand celui-ci eſt obligé de l'épaiſſir, il ne doit y ajouter qu'une feuille à la fois, en changeant alternativement de côté.

65. Il faut avoir ſuffiſamment de paillaſſons, pour couvrir totalement les haies pendant la nuit, & chaque fois que l'on prévoit la pluie, qui feroit un grand déſordre dans les briques (n°. 61.). On eſt donc obligé d'y entretenir un Gardien lorſque le moulage eſt achevé: cet homme y veille ordinairement pendant ſix ſemaines.

66. Tout l'attelier dont je viens de décrire le travail, ou autrement une *table de briques*, ſe paie au millier de briques miſes en *haie;* ainſi les gens, qui le compoſent ſont intéreſſés à finir leur tâche le plutôt qu'ils peuvent. Cet intérêt peut les engager à des mal-façons, dont on doit d'autant plus ſe méfier, qu'elles ne deviennent évidentes qu'au fourneau, c'eſt-à-dire, lorſque *la table de briques* a été payée & congédiée.

REMARQUES.

SUIVANT M. GALLON, les haies de briques ſont communément conſtruites de 20 briques d'épaiſſeur, ſur 20 de champ pour la hauteur: quant à la longueur, elle eſt proportionnée au nombre de briques qu'on a en proviſion. La figure 2 (*Planche VI.*) n'en contient que ce qu'il en faut pour en faire concevoir l'arrangement. Pour former une haie par la tête *AB* qui eſt compoſée de lits alternatifs de briques en panneresse & en boutiſſe, on donne à cette tête une brique & demie d'épaiſſeur; elle eſt liée avec le corps de la haie par les briques de derriere *CD*: elles ſont toutes poſées de biais; c'eſt-à-dire, que le premier rang de briques *EF*, (*Planche VI. Fig. 3*), qui ſont ſur leur champ, porte le ſecond, de façon que la brique *IN* tranſverſalement placée, porte d'un côté ſur un bout de la brique *G*, & de l'autre ſur l'extrémité de la brique *P* qui lui eſt parallèle.

Le troiſieme rang *RS*, au-deſſus du ſecond, ſe place en recroiſant dans le même ſens que le premier; le quatriéme dans la poſition du ſecond; & ainſi de ſuite dans toute l'étendue de la haie. Celui qui dirige ce travail, doit faire enſorte qu'il y ait du jour entre toutes les briques. Elles reſtent en cet état juſqu'à ce qu'elles ſoient aſſez ſéches pour être enfournées; dans des tems de pluie on les couvre avec des paillaſſons.

Plus les briques ſont ſéches avant de former le four, mieux elles réuſſiſſent; ainſi quand il fait beau tems, on les laiſſe en haie 30 ou 40 jours avant de les expoſer au feu.

Cette diſpoſition des briques en haie eſt un peu différente de celle que M. FOURCROY a donnée; mais dans ces petites opérations les pratiques des Ouvriers varient dans preſque tous les atteliers.

De la façon de faire cuire la brique au charbon de terre.

67. Les Ouvriers qui enfournent & font cuire la brique, sont ceux que l'on appelle proprement les *Briqueteurs :* apparemment parce que tout le succès de l'entreprise dépend d'eux. Quand on parle d'un bon *Briqueteur* dans toutes les Provinces du Nord de la France où l'on fabrique une grande quantité de briques, on entend un bon Conducteur de fourneaux. Attelier du Cuiseur.

68. Un attelier de ces Ouvriers ou *une main de Briqueteurs*, comme ils parlent entr'eux, consiste en une troupe de treize hommes, qui construisent en quinze à seize jours, si le tems est favorable, un fourneau de cinq cents milliers de briques. Leurs rangs entr'eux sont le *Cuiseur* ou *Chauffeur*, qui commande les autres & conduit le feu ; deux *Enfourneurs* qui arrangent les briques sur le fourneau ; trois *Entre-deux* qui servent les premiers dans leurs opérations sur le fourneau, & font passer les briques & le charbon de main en main : enfin, sept *Rechercheurs* ou *Brouetteurs*, qui voiturent au fourneau tout ce qui entre dans sa construction. L'Entrepreneur leur fournit un ou deux Journaliers surnuméraires, pour écraser le charbon s'il en est besoin.

69. Les différentes manœuvres de tous ces Ouvriers sont continuellement entremêlées, parce que tous contribuent également à la construction du fourneau. Cependant, comme le travail des *Enfourneurs* & celui du *Cuiseur* demandent des attentions particulieres, je considérerai séparément leurs fonctions, en indiquant la liaison qui se trouve entre celles du *Cuiseur* & des *Enfourneurs*.

70. Les Briqueteurs ayant reconnu que les briques sont séches & prêtes à être cuites, ce qu'ils apperçoivent en en cassant quelques-unes, & en jugeant à la couleur qu'il n'y a plus d'humidité, ils établissent le pied de leur fourneau. Dans les grandes Manufactures, telles que celles d'Armentieres, d'où il sort neuf à dix millions de briques par an destinées pour Lille, Douay, Tournay, Gand, & toutes les villes qui sont sur la Lys & l'Escaut, les pieds des fours sont faits d'une maçonnerie très-solide de briques & d'argile, qui sert à toutes les fournées. La carriere d'argile y est très-abondante à pied-d'œuvre, où s'embarquent aussi toutes les briques dont le débit est assuré. Pour les Particuliers qui ne travaillent point tant en grand, on construit, sans argile, un pied de four exprès pour chaque fournée, qui s'établit tantôt dans un canton, tantôt dans un autre, selon que l'on peut rencontrer les veines d'argile. Le pied de four.

71. On choisit, pour asseoir le fourneau, un terrein uni près des haies de briques, avec la seule attention que les eaux ne puissent y séjourner, ni y former de courant quand il pleut. Sans peller ce terrein, & sans aucune autre préparation, on y décrit au cordeau un quarré de trente-six à trente-huit pieds de côtés, dans notre exemple, pour la base du fourneau.

72. Les Briqueteurs précautionnés font aux quatre angles du fourneau, saillir de neuf à dix pouces les côtés du corps quarré, sur environ cinq pieds de longueur, en y formant à chaque angle une espece de contre-fort pour le rendre plus solide, comme on le voit en *A A* (*Planche VII. Fig.* 3). Ils élevent ces contre-forts en talut, ensorte qu'ils se perdent & finissent dans le corps quarré du fourneau, à cinq ou six pieds au-dessus de la base.

73. Sur ce tracé, on décrit encore au cordeau l'emplacement des foyers G destinés à recevoir le bois qui doit allumer le fourneau; ce sont de petites voûtes G de quatorze pouces de large, & environ dix-huit de hauteur, espacées à trois pieds de milieu en milieu, dont la cavité regne d'un côté du fourneau jusqu'à l'autre, & dont les figures font assez connoître la construction.

74. Aussi-tôt que les cordeaux sont placés, les *Enfourneurs* commencent leur travail; on leur fournit pour le pied de four, des briques cuites & des meilleures; si l'on y en employoit de médiocrement cuites, le feu pourroit les faire éclater, ou la charge pourroit les écraser: le pied de four ne seroit point solide. Ils bordent les cordeaux en arrangeant les premieres briques avec soin, de façon qu'elles soient jointives & bien assises sur leur plat le long des foyers: ensuite ils remplissent les intervalles, mais avec un peu moins de précaution.

Travail des Enfourneurs.

75. Toutes les briques du fourneau, depuis la premiere assise de ces briques cuites jusqu'au sommet, sont placées sur leur champ, excepté celles que l'on voit dans la figure autrement posées aux parements des foyers, aux angles des contre-forts, & quelquefois aux parements du corps quarré. Toutes celles de l'intérieur n'ont d'autre ordre entr'elles, que d'être toujours alternativement croisées à angles droits d'un lit à l'autre. La *Figure* 3. *A B C D E*, de la *Planche VII.* qui est exacte, fait suffisamment entendre le détail de cet arrangement.

76. On place ainsi les briques sur leur champ, afin que le feu puisse embrasser plus aisément chacune d'elles. Si elles étoient posées à plat sur leur lit, il y auroit moitié moins de joints dans le sens vertical, suivant lequel se dirige principalement l'action du feu: & la cuisson des briques en seroit d'autant plus difficile.

77. Lorsque les foyers sont élevés de douze à treize pouces, c'est-à-dire, lorsque toute la base du fourneau a déja acquis la hauteur de trois briques de champ posées l'une sur l'autre, le *Cuiseur* charge les foyers dans toute leur longueur des matieres nécessaires pour allumer le fourneau. Il ne doit pas attendre plus tard; car le nouveau tas que *l'Enfourneur* doit poser sera la retombée de la petite voûte des foyers, qui sera totalement fermée par le cinquiéme.

78. Lorsque *l'Enfourneur* a recouvert le fourneau du sixiéme tas, le *Cuiseur* y répand le premier lit de charbon dont je parlerai plus bas, sur lequel

l'Enfourneur

l'Enfourneur poſe encore une ſeptieme & derniere aſſiſe de briques cuites, qui couronne & termine le pied du fourneau.

79. Pendant l'enfournage, le *Cuiſeur*, dont la préſence n'y eſt pas néceſſaire, va dans la carriere à argile en *démêler* quelques brouettées, & en forme un mortier aſſez liquide. Chaque journée des Enfourneurs ſe termine par crépir tout le parement du fourneau, en appliquant ce mortier contre les tas de la bordure qui ont été poſés depuis le matin. Le *Cuiſeur* a ſoin de choiſir pour ce mortier l'argile la plus maigre, ou d'y mêler ſuffiſamment de ſable (n°. *6.*). L'argile forte ſe gerce auſſi-tôt qu'elle ſent le feu ; elle ſe détache, & laiſſe les briques à découvert : j'aurai occaſion de parler encore de ce placage. Le placage du fourneau.

80. L'établiſſement du pied de four eſt ordinairement fini le lendemain de l'arrivée des Briqueteurs. Comme les briques cuites deſtinées à former le pied du four ont été miſes fort à portée des Ouvriers, il ſuffit de deux ou de trois *Entre-deux* pour les ſervir de main-en-main aux *Enfourneurs.* Les *Rechercheurs* s'occupent ſous la conduite du *Cuiſeur* à planter les ſapins *K* des gardes-vents, dont l'on voit la forme & la conſtruction dans la Planche VIII. Figures 1 & 2. Ils ont ſoin auſſi de former le petit établiſſement de la baraque, pour mettre toute la troupe à l'abri.

81. Le même ſoir on met le feu dans les foyers ; & à l'exception de cette ſeule nuit, que quatre hommes veillent pour l'attiſer & l'entretenir, perſonne ne travaille depuis ſept heures du ſoir, juſqu'au lendemain une heure avant le jour.

82. Le *Cuiſeur* vient reconnoître, avant le jour, l'état de ſon fourneau ; il y répand une ſuffiſante quantité de nouveau charbon : & tout le monde ſe remet à l'enfournage. L'un des deux *Enfourneurs* commence alors à former le premier tas des briques que l'on veut faire cuire. Il place d'abord celles de la bordure ſur une certaine étendue, forme encore ordinairement la bordure du tas ſuivant, puis remplit le derriere de la bordure du premier tas, juſqu'à ce qu'il ait couvert de briques poſées de champ, la moitié de la ſurface du fourneau. Les bordures ou paremens du fourneau.

83. Une partie du talent de *l'Enfourneur*, eſt de conſtruire cette bordure avec ſoin. Un parement conſtruit à-plomb ſans aucune matiere qui en lie les briques entr'elles, & ſeulement enduit d'un léger placage, qui, comme je le dirai plus bas, ne les affermit preſque point, doit cependant contenir un édifice de vingt à vingt-deux pieds de hauteur, & ſouffrir quelques efforts, ſinon par la pouſſée de la charge, au moins par celle du feu. Il eſt donc important, que *l'Enfourneur* y apporte plus d'attention qu'au reſte de ſon travail. Cette attention conſiſte principalement à faire la bordure bien ſerrée, le parement bien à-plomb, & à en bien aſſeoir toutes les briques. Leur arrangement alternatif eſt exactement repréſenté dans la Planche VII. Figure 3. où les différentes

assises *CDE* appliquées l'une sur l'autre, font voir comment les tas doivent (n°. 75.) se croiser dans le corps quarré du fourneau, & comment les bordures sont alternativement composées.

84. On peut y remarquer que sur le tas cotté *C*, la bordure est formée de briques qui présentent en-dehors un de leurs bouts au parement du fourneau, ce que l'on appelle *briques boutisses ;* au lieu que sur les tas cottés *DE*, ainsi que dans tous les angles du fourneau, les briques présentent au parement un de leurs longs *panneaux*, soit leur lit, soit un de leurs longs côtés, ce que l'on appelle *briques panneresses*.

85. Comme la *brique panneresse* du parement en *D* ne peut avoir beaucoup d'assiette ou de solidité, ne portant que de deux pouces de large sur le fourneau, & qu'elle seroit facilement renversée par les *briques boutisses* qui doivent la rencontrer, *l'Enfourneur* place d'abord les *briques boutisses* de derriere, à deux pouces de distance du parement, & dépose sur leur champ la *panneresse*, avec laquelle il vient former le parement lorsqu'il a fini le reste de sa tâche : il en use de même pour la bordure du tas cotté *E*, laissant quatre pouces de retraite au parement pour y asseoir deux *panneresses*.

Affaissement du fourneau.

86. Sans examiner encore ici les effets du feu sur ce fourneau, il est nécessaire d'observer, en passant, que les bordures ou parements ne cuisent pas au même point que le reste. Les briques de l'intérieur diminuent plus de volume par la cuisson, & perdent davantage sur les dimensions du moule que celles de la bordure. D'ailleurs le charbon se réduit totalement en cendres dans l'intérieur du fourneau : au lieu que près des bords, il n'est pas toujours parfaitement consumé. Il arrive de-là que le fourneau reçoit un affaissement plus considérable dans son corps qu'aux parements, & qu'il prendroit à sa surface supérieure la forme d'un bassin quarré à bords en talut, si *l'Enfourneur* n'avoit soin d'y pourvoir : il en résulteroit un grand inconvénient. Les briques de bordure ne conservant plus leur parallélisme ni leur assiete horisontale, puisqu'elles seroient forcées & inclinées par celles de derriere, bien-tôt les parements se détacheroient du corps quarré : l'édifice s'écrouleroit.

Les *faux tas* à la bordure.

87. Pour prévenir cet accident, dès que l'affaissement commence à paroître, *l'Enfourneur* forme un des tas de la bordure un peu moins élevé qu'à l'ordinaire, ce qu'il appelle faire un *faux tas*, c'est-à-dire, qu'au lieu d'y placer la brique *boutisse* verticale sur son champ, comme au tas cotté *C*, il l'incline plus ou moins sur l'une des arrêtes, comme en *F ;* ensorte qu'il abaisse cette bordure de six, douze, ou dix-huit lignes, suivant que l'exige l'affaissement du fourneau. Si l'affaissement alloit à deux pouces, ce qui arrive rarement, *l'Enfourneur* formeroit le tas de la bordure d'une brique mise à plat au lieu d'une de champ. Toutes les fois qu'il abaisse ainsi la bordure, il est obligé d'incliner à proportion les premieres

rangées de briques qui la rencontrent fur le même tas. C'eft par ce moyen que fe rétablit & s'entretient le niveau de la furface fupérieure du fourneau.

Briques de l'intérieur du fourneau.

88. Les briques du corps quarré, au-delà des dix-huit à vingt pouces de la bordure, n'exigent pas tant de foin. Il fuffit de remarquer, que comme de trois en trois tas on répand un lit général de charbon fur le fourneau, les briques du tas qui doit recevoir cette *charbonnée* doivent être à peu-près jointives, & beaucoup plus ferrées les unes près des autres que celles des deux autres tas, afin que leurs joints ne laiffent pas tomber le charbon fur les tas inférieurs : les briques de ceux-ci peuvent être efpacées d'un pouce entr'elles fans inconvénient.

Force des Ouvriers de cet attelier.

89. C'eft une manœuvre très-animée que celle de *l'enfournage*. Les Figures 1. & 2. de la Planche VIII, repréfentent ce qu'y fait chaque Ouvrier. *L'Enfourneur A* (*Fig.* 1.), eft celui dont le travail eft le plus fatiguant. J'ai dit (n°. 82.), qu'il ne charge que la moitié de la furface du fourneau. Il entre ordinairement près de dix milliers de briques à chaque tas complet; & les cinq milliers de la tâche d'un des Enfourneurs, lui font fournis deux à deux par les *Entre-deux B*, en cinq quarts-d'heure de tems; il les met en place, tantôt quatre, tantôt moins à la fois, felon que l'efpace le lui permet; il fe baiffe donc & fe releve treize à quatorze cents fois en cinq quarts-d'heure, & cela fur un attelier où il fait chaud. Les *Entre-deux B* (n°. 68.) ont bien moins de peine : ils tiennent à leurs fonctions tout le long du jour.

90. Au commencement de la conftruction du fourneau, les *Rechercheurs* C font occupés tous fept (n°. 68.) à aller *chercher* les briques : & ils commencent par tranfporter les plus éloignées. La longueur du roulage diminuant donc à mefure que le fourneau s'éleve, & qu'il y faut élever des échafauds *E* (*Planche* VIII. *Fig.* 1 & 2.) pour le tranfport de main en main; ce que le roulage exige de moins des *Rechercheurs* fe place en relais fur les échafauds, & ils gardent entr'eux tous un ordre proportionné à la fatigue des différents poftes qu'ils occupent.

Le feu qui monte continuellement dans le fourneau, s'éteint en même-tems vers le bas; enforte que celui des *Rechercheurs*, qui eft placé au relais le plus élevé, en reffent toute l'incommodité. Il ne peut refter qu'environ une demi-heure à cette place; & quand il a fervi fes deux milliers de briques, faifant quarante brouettées qu'il compte exactement, il retourne à la brouette. Le fuivant le releve; & s'il y a plufieurs relais d'échafauds, chacun d'eux remonte d'un étage : au moyen de quoi toute la fatigue eft également partagée.

91. Le fourneau a deux femblables accès de rampes *D* & d'échafauds *E* fur fes côtés oppofés. Si-tôt que le demi-tas de *l'Enfourneur* eft achevé, tout le monde fe préfente à l'autre bord, & la même manœuvre fe répete.

Travail du *Cuiseur*.

92. Le premier travail du *Cuiseur*, est de charger les foyers GGG (*Planches VII & VIII.*) du pied de four (n°. 77.) Il y couche obliquement quelques gros parements de fagots, puis des fagots entiers d'environ trente-six pouces de tour: & il charge chaque fagot de trois ou quatre bûches de quartier, & y ajoute quelques morceaux de charbon.

Manœuvre des charbonnées.

93. Tout le reste du charbon qui entre dans le fourneau a été réduit en *poussier*, à peu-près comme celui des forges. On le passe à la claie, & l'on écrase tous les morceaux avec une batte (*Planche IV. Fig.* 23.) garnie de fer, comme on le voit en F. On en fait un amas au pied du fourneau, d'où les *Rechercheurs* C (*Planche VIII.*) le jettent dans des manelettes (*Planche IV. Fig.* 25), aux *Entre-deux* B (*Planche VIII.*), qui vont le porter au *Cuiseur* I. Celui-ci (*Planche VIII. Fig.* 2.) l'étend sur le lit de briques en secouant sa manelette sans se baisser, afin que le choc du charbon tombant de haut sur le fourneau, l'émiette & le répande également par-tout. Telle est la manœuvre pour toutes les charbonnées qui se font sur le fourneau, depuis celles sur le sixiéme tas (n°. 78.) du pied de four, & sur le septiéme (n°. 82.), jusqu'à son entier achévement: par où l'on voit que le travail du *Cuiseur* est des plus simples: mais son Art n'en est pas plus facile.

94. Il est très-essentiel, que le *Cuiseur* ait une grande expérience de la conduite du feu; qu'il soit un excellent *Chauffeur*; les moindres inattentions ou défauts de jugement de sa part, peuvent faire manquer l'opération & l'entreprise de la Briqueterie en tout ou en grande partie. Ce *Chauffeur*, en plein air, a bien d'autres obstacles à surmonter, que ceux d'un laboratoire commodément monté.

95. Il faut huit à dix heures d'un tems favorable, pour que le feu des foyers (n°. 81.) puisse se communiquer à la charbonnée du sixiéme tas (n°. 78.) Cet espace de tems nécessaire, est ce qui détermine le plus souvent les Briqueteurs à mettre le feu dans les foyers vers le soir. D'ailleurs, l'air est ordinairement plus calme pendant la nuit que de jour: la tranquillité de l'air favorise l'égalité de l'inflammation dans tous les foyers. Il n'y a donc que le mauvais tems qui les oblige quelquefois à différer au lendemain.

96. Les quatre hommes qui veillent cette premiere nuit (n°. 81.), fournissent du bois de corde aux foyers, en y enfonçant de grosses bûches avec de longues perches, aussi long-tems qu'il est nécessaire pour enflammer la charbonnée du sixiéme tas. C'est ce qu'ils appellent *assurer le feu*, c'est-à-dire, lui donner partout une force égale, & capable de résister au mauvais tems qui pourroit arriver, & déranger beaucoup le pied de four (n°. 77.)

97. S'il survient dans les commencements de l'édifice du fourneau une grosse pluie, qui paroisse pouvoir être d'une durée un peu longue, en quoi l'on sçait que

que les gens de la campagne se trompent plus rarement que les habitans des villes, le *Cuiseur* ne manque pas de faire croiser aussi-tôt, sur son fourneau, plusieurs longs sapins en forme de chevrons, & de les faire couvrir de paillassons pour le garantir une heure ou deux de la pluie, qui, d'ordinaire ne dure pas fort long-tems quand elle est forte: mais ce sont de grandes peines, & qui ne réussissent pas toujours. C'est pour cela que les mois de Juillet, Août, Septembre & Octobre, sont les plus favorables à la cuisson des briques.

98. On juge bien que quand le feu des foyers s'est communiqué à la *charbonnée* du sixiéme tas (n°. 78.), & qu'il y a subsisté pendant plusieurs heures, le septiéme tas (n°. 82.) qui recouvre cette *charbonnée* se trouve fort échauffé le matin, ainsi que tous les matins, celui de la surface supérieure du fourneau, lorsque l'attelier reprend son travail. Aussi le *Cuiseur* forme-t-il légérement, & le plus vîte qu'il peut, la premiere charbonnée de chaque matinée. Quant à l'*Enfourneur* qui lui succede, comme il ne peut pas courir en posant ses briques, il ne tient gueres qu'un quart-d'heure à cet exercice sans être relevé par son camarade, malgré sa chaussure de mauvais souliers, & l'habitude qui rend ces gens durs à cette chaleur: quelquefois même après cinq ou six minutes, il est obligé de se retirer. Comme les *Entre-deux* sont toujours placés sur les briques qui viennent d'être nouvellement posées, ils ne sont pas dans le même cas.

99. Les charbonnées générales se font réguliérement de trois en trois tas sur toute la hauteur du fourneau, & d'environ un demi-pouce d'épaisseur sur toute sa surface, plus ou moins suivant la qualité du charbon. Il s'en fait d'autres petites à chaque tas, qui ne se conduisent pas de même. La fumée qui sort par tous les joints du lit supérieur, indique par son plus ou moins de densité, les endroits du fourneau où le feu a fait le plus de progrès: comme il faut une continuelle attention à l'entretenir par-tout *isochrone*, les petites charbonnées doivent être réglées sur ces indices.

Conduite du feu.

100. On seroit peut-être tenté de croire que les points où le feu va plus vîte, sont ceux auxquels il faudroit fournir le moins de matieres combustibles à consumer: c'est précisément le contraire. Le *Cuiseur* se promene sur le fourneau, *la manclette* dans les mains, & ne la vuide qu'aux endroits où il voit le feu plus près de gagner la surface. S'il apperçoit des briques qui commencent à blanchir ou à jaunir par l'exaltation des soufres ou bitumes du charbon inférieur, c'est-là où il répand le plus de nouveau charbon; il en jette moins sur les joints qui rendent une fumée moins épaisse: & point du tout aux endroits qui ne donnent encore aucun signe d'inflammation.

101. Pour procurer au fourneau une chaleur égale dans toutes les parties de sa surface, une chaleur qui puisse opérer la cuisson de toutes les briques le plus uniformément possible, il est indispensable de retarder l'action du feu dans les

parties de cette surface, où il dénote une extension trop précipitée. Le charbon qu'on y ajoute de nouveau opere cet effet, en bouchant une partie des joints entre les briques qui ne sont pas fort serrées (nº. 88.)

102. Je conçois l'opération du feu de ce fourneau, comme l'effet d'un corps élastique en tout sens, tendant toujours à se développer & à s'échapper, principalement par la verticale ; & je pense que le talent du *Cuiseur*, est de ne laisser débander ce ressort vers la surface supérieure, qu'après avoir fait séjourner suffisamment cette masse de feu dans le fourneau, sous une forme peut-être continuellement parallélipipédale, c'est-à-dire, semblable au corps quarré du fourneau sur une certaine épaisseur. Nous verrons plus bas comment le *Cuiseur* parvient à contenir le feu sur les quatre parois ou parements du fourneau.

103. Ce qui m'a fait prendre cette idée, c'est la remarque que j'ai toujours faite lorsque le tems étoit calme, que je pouvois tenir la main contre les parements tout autour du sommet du fourneau, sur environ quatre pieds de hauteur; plus bas, sur environ quatre autres pieds, la main ne pouvoit y rester : la chaleur étoit tempérée, & décroissoit toujours jusqu'au pied du fourneau. En tout, la chaleur n'étoit gueres sensible aux parements que sur environ sept pieds de hauteur totale. C'est donc cette zone de chaleur qui doit petit-à-petit parcourir en s'élevant toute la hauteur du corps quarré, pour en pousser successivement toutes les briques au point de cuisson qui leur convient.

Placage des foyers.

104. Cette masse de feu monteroit beaucoup trop vîte, si on laissoit à l'air la liberté de circuler par les foyers du pied de four. Dès que le *Cuiseur* y a posé quelques tas de briques crues, il maçonne les embouchures des foyers avec des briques cuites & de l'argile; & s'il a besoin, pendant la construction du fourneau, de pousser un peu le feu vers quelque partie où il ne se porte pas assez, il r'ouvre plus ou moins l'une ou plusieurs de ces embouchures.

REMARQUES.

QUOIQUE M. FOURCROY ait expliqué fort en détail la construction du fourneau à briques ; comme la pratique des Briquetiers est assez différente, sur-tout suivant la grandeur des fourneaux, il est bon de rapporter ce que M. GALLON dit d'un fourneau pour cuire 100 ou 200 milliers de briques : en détaillant ainsi la pratique des différents Ouvriers, le fond de l'art en sera mieux connu.

Suivant M. GALLON, la base d'un petit fourneau destiné à cuire 200 milliers de briques doit être de 43 briques de longueur, de 41 de largeur, & son épaisseur de 32 champs de briques ; ce qui fait dix à onze pieds d'élévation : on sçait qu'un champ de briques est un lit de briques posées de champ sur un de leurs longs côtés.

Pour un fourneau plus petit, qui ne devroit contenir que 100 milliers de briques, on met 22 briques en quarré ; & on le monte à 22 ou 23 champs de hauteur.

On fait à ces fours-ci quatre gueules ou bouches à la face du fourneau ; & pour les fourneaux qui contiennent 200 milliers de briques, on fait six gueules *CDEFGH*, comme dans la (*Planche IX. Fig. 6*). Il est bon de remarquer qu'on choisit pour faire le pied des fourneaux, les briques les plus anciennement moulées, ou les plus séches, ou même qu'on y emploie, comme l'a dit M. FOURCROY, des briques cuites.

Les trois premieres couches sont disposées parallélement les unes aux autres, mais tant plein que vuide : c'est ce que les Ouvriers nomment *clair-champ*.

L'emplacement du fourneau étant égalisé & applani, la division des bouches ou gueules se trouve ; savoir, le premier massif *E* (*Planche IX. Fig. 7*), n'a que deux briques de largeur : on laisse ensuite un intervalle *P* d'une brique ou une brique & demie ; le second intervalle *F*, & les autres *G H L M*, sont de six briques, excepté le dernier *N* qui est, comme le premier *E*, de deux briques : c'est ce qu'on appelle la face du four, qui est en total de 42 briques, en supposant que les six bouches ont une brique & demie de largeur.

Ces briques, comme on l'a déja dit, sont toutes posées de champ. Les trois premiers massifs *E F G* (*Fig. 7*), représentent comment les briques sont placées à la premiere couche : les deux massifs *H L*, font voir la disposition des briques à la seconde couche qui est posée sur la premiere : le massif *M* est la troisieme couche qui se pose sur la seconde : enfin, le massif *N* est la quatrieme couche où les briques sont jointives ; on en met ensuite trois autres qui sont posées dans le même sens, ainsi qu'il est représenté par le profil *I K* (*Fig. 5*) qui est pris sur la ligne *C D* de la Figure 7. On voit encore l'augmentation successive des premieres couches posées les unes sur les autres, par le profil *S T* (*Fig. 6*) pris sur la ligne *A B* du plan, & qui s'éleve jusqu'au septieme tas ; chaque partie est ponctuée relativement à celle du plan auquel elle correspond.

Mais pour faire comprendre, d'une maniere plus sensible, l'arrangement des trois premieres couches qu'on nomme *clair-champ*, M. Gallon les a représentées dans la premiere Figure sur une plus grande échelle ; ensorte que la partie *A B* fait voir comment sont disposées les briques aux trois couches *E F G* de la Figure 7 ; *B C* les deux suivantes, *H L* (*Fig. 7*) : *C D* est la couche *M* (*Fig. 7*) ; & *D E* la couche *N* (*Fig. 7*). On voit par cette figure premiere, que les intervalles qu'on laisse entre les briques sont égaux aux épaisseurs des briques. La premiere étant posée comme *A B*, on place la seconde obliquement ; de sorte que les deux extrémités de la brique *F* portent sur les bouts opposés des briques *G I*, & de même de toutes les autres. Au troisieme tas, *C D*, les briques croisant en équerre les briques du premier tas, elles coupent perpendiculairement celles du premier tas *A B*, & obliquement celles du second *B C*. Enfin, au quatrieme tas *D E*, les briques qui sont jointives forment l'assemblage des trois premiers tas.

Avant d'établir ces quatre tas, on remplit les vuides des *clairs-champs*, avec de gros morceaux de charbon de terre, d'un volume cependant à pouvoir entrer dans les jours *K L*, & descendre jusqu'au fond du four.

En même tems qu'on distribue ce charbon dans l'étendue de chaque massif, on charge les galeries *P Y*, &c. (*Fig. 7*), d'une certaine quantité de bois *V X*, dans toute leur longueur *Y V* ; & par-dessus ce bois, on met du petit charbon *Z Y* qu'on appelle *gayette*. On conçoit que tout étant à jour au pied du fourneau, le feu doit se communiquer par tout.

On répand du charbon pilé, ou *gayette*, sur le quatrieme tas qui est représenté en *N* (*Fig. 7*), ou en *D E* (*Fig. 1*) : la quantité de ce charbon est estimée, suivant sa bonne qualité : si c'est pour la premiere fois qu'on en fait usage, son épaisseur doit être d'un pouce au neuvieme & dixieme tas ; & comme on met le feu lorsqu'on a établi le septieme tas, le Briquetier est à portée de connoître au neuvieme, quelle est la qualité du charbon qu'il emploie. Lorsque le charbon est de la meilleure espece, on peut épargner trois tas sur vingt-huit ; mais on met toujours des bordures d'un pouce d'épaisseur & de la largeur de deux briques : ces bordures paroissent à M. Gallon bien imaginées ; 1°. pour augmenter la chaleur au pourtour du four où l'ouvrage n'est pas ordinairement assez cuit ; 2°. parce que l'affaissement étant plus grand où il y a plus de charbon, la surface du champ se conserve plus réguliere.

Il y a des Briquetiers qui épargnent jusqu'à seize & dix-sept tas, en mettant alternativement des couches en plein & simplement des bordures ; mais par cette œconomie mal entendue, leur fournée est souvent manquée. Voici comme ils distribuent ces lits & ces bordures.

Les quatrieme, cinquieme & sixieme lits (dit M. Gallon) sont couverts chacun d'une couche de *gayette* d'un pouce d'épaisseur ; au septieme lit, on en met moins d'un pouce, & on diminue toujours l'épaisseur de la couche de gayette jusqu'au quinzieme lit, où la couche de charbon se trouve réduite à un demi-pouce d'épaisseur : au seizieme lit, on ne met qu'une simple bordure ; le dix-huitieme est couvert en plein : il n'y a qu'une bordure au dix-neuvieme ; la couche est en plein au vingtiéme ; on met seulement une bordure au vingt-unieme ; & ainsi alternativement jusqu'au haut du fourneau, pour lequel on emploie cinquante muids de charbon, & deux cordes de bois : ceux qui n'emploient que quarante muids de charbon font de mauvais ouvrage.

Pour lier & contenir d'une maniere solide tout le massif du fourneau, on fait des bordures en briques : ces bordures commencent par deux briques de largeur : au septieme tas (*Fig. 2*), les rangs *E F G* qui répondent aux bouches des fourneaux sont du même sens ; & le reste de la couche est d'un sens opposé *H*, en retranchant aux bords *I K* (*Fig. 3.*) une demi-brique sur laquelle on forme, par d'autres briques inclinées, une bordure que les Ouvriers nomment *éperon*, qui sert à soutenir le huitiéme tas (*Fig.* 2), qui doit couvrir cet éperon & arrêter le côté du four : cette huitiéme couche prend alors un arrangement tel que la Figure 2 le représente ; c'est-à-dire, que la bordure se fait de quatre briques, & elle ne changera plus dans toutes les autres. On voit par cette Figure, que l'éperon se transporte alternativement & en sens contraire, tantôt sur une face & tantôt sur l'autre ; de maniere que le reste de la couche est toujours placé comme les briques des éperons.

Il faut aussi remarquer que chaque tas de briques se croise toujours dans le milieu, avec celui sur lequel il est établi ; mais non pas la bordure, qui cependant est liée avec le massif par la demi-brique que recouvrent les éperons.

Il reste encore à expliquer comment on arrange les briques pour former les fourneaux *g h* (*Fig. 8*) : les pieds droits *a b*, *c d* sont de deux briques & demie de hauteur, ce qui forme trois tas ; les briques du quatriéme *e f* sont en saillie de deux à trois pouces, & les briques du cinquieme *g h* ferment tout à fait la voûte du fourneau, qui, comme on voit, est par encorbellement : cette disposition regne dans toute l'étendue de la galerie.

Le fourneau étant à toute sa hauteur, on le couvre dans toute son étendue avec une couche de vieilles briques posés à plat, qu'on arrange tout près les unes des autres, & sur lesquelles on jette une certaine épaisseur de terre.

A mesure que le fourneau s'éleve, on le crépit avec de la terre grasse : quelques Briquetiers, non contents de cet enduit, & pour être plus maîtres de conduire leur feu, & pour empêcher que l'air extérieur n'y pénetre, accumulent de la terre en talut tout autour du fourneau, de maniere qu'elle s'éleve quelquefois jusqu'au tiers de sa hauteur.

105. L'ACTIVITE' du feu de ce fourneau dépend en grande partie des qualités de la terre & du charbon qui le composent. Il n'est pas possible d'éclaircir dans un Mémoire ce point important. Les meilleurs Ouvriers ne s'y connoissent, que par quelques expériences ordinairement couteuses pour les Entrepreneurs. On peut essayer la terre à briques, comme je l'ai dit (n°. 7.) ; au lieu que si le Marchand de charbon en fournit qui soit d'une autre veine que celui dont on s'est servi précédemment, il peut arriver que sa qualité soit très-différente. On sçait qu'il y a du charbon de terre qui ne convient, ni pour les forges, ni pour les cuves des Brasseurs, parce qu'il brûle subitement tous les métaux ; il y en a de même qui vitrifie toutes les briques : il est presqu'inévitable d'y être trompé quelquefois.

REMARQUES.

MM. GALLON & FOURCROY disent qu'on ne peut constater avec précision la quantité de charbon nécessaire pour la cuisson des briques ; qu'il faut pour cela l'avoir éprouvé ; que cependant on préfére celui qui est net, brillant & argenté ; que ses effets sont proportionnels à la quantité de phlogistique qu'il contient. C'est à cause de cette incertitude, que les Briquetiers ont coutume de mettre le feu à leur fourneau dès la septiéme couche de brique, pour ménager la distribution de leur charbon, suivant les connoissances qu'ils acquierent : quand leur charbon leur paroît d'une assez bonne qualité, ils achevent leur fournée avant d'y mettre le feu ; mais il est fort rare de voir des Ouvriers qui prennent ce parti.

Quantité du charbon.

106. QUANT à la quantité du charbon qui est propre aux Briqueteries, j'ai suivi la construction de plusieurs fourneaux de cinq cents milliers chacun, dans lesquels j'ai vû qu'il étoit entré environ six à sept pieds cubes de charbon par millier de briques à cuire : ce charbon pesoit soixante-six livres le pied cube. Dans d'autres, il en entre jusqu'à huit & neuf pieds cubes par millier ; & dans

dans d'autres peut-être moins de quatre pieds : tout ce charbon meſuré comme il vient des mines, plus en *pouſſier* qu'en morceaux.

107. Lorſque la qualité de la terre ou celle du charbon, a été reconnue telle que le feu doive y faire rapidement ſon effet, on eſt obligé d'en charger les fourneaux à deux *mains*, c'eſt-à-dire, (n°. 68.) que deux troupes de douze Ouvriers chacune élevent en même-tems un fourneau ſous un même Conducteur ou *Cuiſeur*. Le fourneau s'éleve en ce cas de dix & onze tas par jour, ce qui même quelquefois ne ſuffit pas : le feu y gagne encore ſi violemment la ſurface, que le *Cuiſeur* eſt obligé de le ralentir à chaque tas.

108. Ce n'eſt plus alors avec du charbon, que l'action du feu doit être comprimée (n°. 101). La trop grande quantité de matiere combuſtible poufferoit la cuiſſon des briques juſqu'à la fuſion, comme je le dirai plus bas. Le procédé pour ralentir le feu, quand il eſt uniformément trop rapide, eſt d'y répandre du ſable : & c'eſt l'uſage qui apprend au *Cuiſeur* la quantité qu'il y en doit mettre. Ralentir le feu avec le ſable.

109. Cet effet du ſable ſur le feu du charbon, ſe remarque ſur tous les fourneaux. Il eſt tel, que le ſable qui tombe des briques ſur le fourneau auprès de l'échafaud par où elles arrivent, eſt capable d'empêcher cette partie de cuire à ſon vrai point. On a ſoin d'étendre ſous les pieds du premier *Entre-deux B* (*Planche VIII. Figure 1.*), un morceau de groſſe toile *H* pour recevoir ce ſable, que l'on rejette au pied du fourneau, lorſque le demi-tas eſt poſé (n°. 91).

110. Si le *Cuiſeur* s'apperçoit que malgré le morceau de toile les briques de ce bord ne cuiſent pas bien, il fait eſpacer un peu plus entr'elles celles des tas ſupérieurs ; quelquefois il en enleve une ou deux des tas inférieurs, pour donner au feu la facilité de s'étendre ſur ce côté ; enfin, il y fait mettre quelques aſſiſes de briques cuites, pour éviter le déchet qu'il y auroit certainement dans cette partie, & rétablir l'égalité de chaleur dans toute la maſſe.

111. Les vents retardent toujours la marche du feu, ou la rendent inégale dans l'étendue du fourneau. Le courant de l'air arrêté par les abri-vents (n°. 80.), ne peut frapper contre les parements ; mais ſes remous plongent néceſſairement ſur la ſurface ſupérieure, & principalement contre la partie la plus éloignée des paillaſſons. Alors le feu repouſſé ſur lui-même par le vent, ſe concentre plus bas, y acquiert plus de reſſort, & fait des efforts conſidérables pour s'échapper par quelque endroit des parements. C'eſt à cette cauſe que j'attribue les ſoufflures que l'on remarque ſouvent autour du corps quarré des fourneaux, où l'on voit des briques dérangées, comme en *S* (*Planche VIII. Figure 2.*) Garantir les fourneaux du vent.

112. Lorſque le *Cuiſeur* s'apperçoit qu'un parement ſouffre des efforts du feu, il ne manque pas d'en faire tomber le placage (n°. 79). Sans cette précaution, il ſe feroit bien-tôt une brêche qui ruineroit tout l'édifice. Les joints du

parement, ainsi que les embouchures des foyers, sont autant de registres qu'il faut ouvrir promptement pour donner une issue à la matiere du feu, dont l'action totale s'affoiblira sur le champ.

Lézardes aux fourneaux.

113. Les soins d'un bon *Cuiseur*, ne peuvent cependant pas toujours empêcher qu'il ne se fasse quelques lézardes au fourneau : c'est sur-tout aux angles qu'il doit veiller le plus. Si l'on continuoit à surcharger un angle dont les briques sont déplacées, sans y apporter quelque remede, il en arriveroit infailliblement de grands accidents.

114. Lors donc que quelque partie menace ruine, & que le feu s'y est ralenti, c'est-à-dire, lorsque l'exhaussement du fourneau a fait élever la zone du feu (n°. 103.) au-dessus de la partie défectueuse du parement, le *Cuiseur* y remet promptement un nouveau placage, dans lequel il a mêlé de la paille.

115. Nous avons vû que le placage ordinaire (n°. 79.) s'applique à la fin de chaque journée contre les nouveaux tas. Comme ce placage est un mortier liquide dont la terre est fort divisée, & qu'il se trouve peu de tems après exposé à un feu très-vif, il se gerce beaucoup en séchant trop promptement, il se cuit même & s'attache peu aux briques du parement : ce placage ne contribue donc pas à la solidité du fourneau (n°. 83). Il n'a d'autre usage que de fermer les joints, & de s'opposer, tant à la dissipation du feu par les parements (n°. 112.), qu'à la trop grande vîtesse qu'il acquerroit dans sa marche, si les registres inférieurs demeuroient ouverts.

116. Le même effet n'a plus lieu, lorsque ce placage est appliqué pendant le déclin de la chaleur des parements (n°. 103). Il seche toujours de plus en plus lentement, & forme un enduit assez ferme pour les préserver de s'écrouler, sur-tout lorsqu'on y a mêlé de la paille, qui fait ici l'office des bourres & laines dans tous les luts, & autres enduits.

Progrès des fourneaux.

117. Une *main* de Briqueteurs emploie ordinairement deux heures & demie à placer une assise de briques sur le fourneau de notre exemple (n°. 89.), ou trois heures, y compris la charbonnée. L'expérience fait voir, que le feu ne monte pas si vîte dans le commencement de sa construction : pendant les neuf & dix premiers jours, je n'ai vû élever les fourneaux que de trois tas en vingt-quatre heures. Mais comme le feu augmente d'activité par son séjour dans ce massif, il faut lui fournir à proportion sa nourriture & sa tâche : on forme donc quatre & cinq tas par jour quand cela devient nécessaire. Si cependant on chargeoit les nouvelles assises à contre-tems, c'est-à-dire, avant que le feu se fît sentir (n°. 99.) à la surface supérieure, la quantité de matiere, soit de charbon, soit de briques, ralentiroit trop la marche du feu, l'empêcheroit de monter : les nouveaux tas ne cuiroient point. J'ai souvent vû des fourneaux où ce défaut de conduite & ces accidents étoient remarquables ; le feu trop long-tems

retenu dans une couche de quelques pieds d'épaiſſeur, après en avoir vitrifié les briques, & s'étant ouvert des iſſues par les endroits foibles de la couche ſupérieure, avoit traverſé toute celle-ci trop promptement, & les briques en étoient preſque crues.

118. Lorſque toutes les briques ſont enfournées, on couvre entiérement le fourneau du même placage que l'on applique aux parements à la fin de chaque journée (n°. 79). Mais les briques des tas près la ſurface ſupérieure ne ſont jamais cuites à leur vrai point, non plus que celles des parements, en ſorte qu'elles tombent en déchet ſur la fournée: elles ne compoſent que de mauvaiſes conſtructions ſi on les emploie dans les maçonneries. Le feu ne peut jamais acquérir, près les ſurfaces du fourneau, le même degré d'intenſité que dans le corps quarré, parce qu'il s'échappe de tous côtés, & que ces ſurfaces ſont continuellement expoſées aux accidents de l'air extérieur (n°. 111.) Couronnement du fourneau.

119. J'ai ſouvent remarqué quatre & cinq tas de briques très-mal cuites, & quelquefois beaucoup plus, qui couronnoient les fourneaux : ce qui donne communément plus de quarante milliers de briques défectueuſes au ſommet d'un fourneau de cinq cents milliers. J'évalue encore à trente milliers au moins les briques mal cuites des parements (n°. 87.): j'eſtime donc qu'il ſe trouve environ un ſixiéme de briques mal fabriquées dans les fourneaux qui réuſſiſſent le mieux. Grand déchet ordinaire ſur les fourneaux.

120. Je ſuis perſuadé que l'on éviteroit un déchet auſſi conſidérable, ſi l'on n'employoit que des briques cuites aux parements & au couronnement des fourneaux. Il eſt vrai qu'il en faudroit payer la manutention aux Briqueteurs, comme on le fait pour les briques du *pied de four* : mais, calcul fait, il y auroit encore beaucoup à gagner.

121. J'ai dit que la trop grande quantité de charbon perdroit le fourneau. C'eſt une expérience conſtatée journellement dans les Briqueteries où on l'emploie, que le feu, lorſqu'il eſt pouſſé à certains degrés de force, fait entrer la matiere des briques en fuſion, la bourſouffle d'abord, la fait champignoner, réunit & ſoude pluſieurs briques enſemble, change totalement leur forme, au point de n'y plus reconnoître traces du moule; enfin, la fait couler quelquefois par les foyers comme des ruiſſeaux, que l'on m'a dit avoir vû s'étendre juſqu'à pluſieurs toiſes de diſtance des fourneaux, dont toute la maſſe ſe trouve enſuite preſque d'un ſeul morceau ſans aucuns intervalles: j'en ai vû qu'il falloit briſer à force de coins & de maſſes par morceaux, de trois & quatre pieds cubes. Vitrification des briques.

122. Je penſe que la converſion de la brique en verre, eſt le *maximum* des accidents de cette Manufacture; car il eſt évident que toute brique qui a bouilli dans le fourneau, a acquis plus ou moins de vitrification. J'ai ſouvent trouvé dans les fourneaux des tubercules de verre tranſparent, fort reſſemblant à celui du fond des pots de nos Verreries.

Différents degrés de cuisson des briques.

123. L'idée générale que l'on se forme ordinairement des caractères de la meilleure brique, c'est d'être très-dure & sonore sans être brûlée. On appelle *brique brûlée,* celle qui ressemble plus ou moins à du mache-fer, ou aux scories des métaux; celle où la couleur noire & l'abondance des cavités sphériques indiquent qu'elles ont souffert l'ébullition: les briques de cette espece sont toujours déformées; souvent jointes inséparablement avec d'autres: elles sont luisantes dans toutes leurs cassures, & donnent du feu sous les coups de briquet. Je ne prétends pas dire ici qu'elles soient moins bonnes dans les constructions, que celles qui sont moins cuites: mais elles ne sont pas propres à être placées aux parements des édifices; & si l'on vouloit pousser la pluralité des briques d'un fourneau jusqu'à ce degré de cuisson, on tomberoit souvent dans un excès ruineux pour les Entrepreneurs.

124. On juge trop peu cuite au contraire, la brique dont la matiere ne s'est point assez durcie dans le feu, en sorte qu'elle s'écrase facilement sous le marteau, qu'elle rend un bruit sourd quand on la frappe, & paroît avoir encore retenu partie des caractères de l'argile crue.

125. Je n'ai pû rassembler assez d'observations sur les anciens édifices, pour être parvenu à sçavoir à quel degré de cuisson avoient été portées les briques qui se sont le mieux liées avec les mortiers; pour reconnoître si, comme je le soupçonne, des briques peu cuites ne s'y sont pas durcies avec le tems: s'il n'y a pas quelque action réciproque entre la concrétion des mortiers bien conditionnés, & les matieres plus ou moins solides dont ils se saisissent. Au défaut de ces lumieres, qu'il pourroit être important d'acquérir, le juste milieu ou le degré de cuisson, que l'on juge communément (n°. 123.) convenir le mieux à ces matériaux factices, c'est celui que je crois résulter de la plus grande chaleur que leur matiere puisse soutenir sans ébullition; puisque les briques bien formées, très-dures, & fort sonores, ne manquent jamais de se rencontrer dans les fourneaux, auprès de celles qui sont empreintes de quelques marques d'ébullition.

126. Mais quel que doive être le point de chaleur le plus propre à nous fournir les meilleures briques, il est vraisemblable que l'on peut avec justice attribuer à la négligence ou à l'impéritie du *Cuiseur*, la plûpart des défauts que l'on remarque dans les fourneaux lorsque l'on en enleve les briques.

127. Si, par exemple, le *Cuiseur* s'absente pendant l'enfournage, & que le vent s'éleve ou change de direction; comme on n'aura pas assez tôt ajusté les *paillassons* de l'abri-vent sur cette variation de l'air, le feu se portera totalement sur l'un des flancs du fourneau: la brique s'y brûlera, & celle du flanc opposé ne cuira point.

128. En un mot, la fabrication de ces matériaux en plein air est soumise à

un

un grand nombre d'accidents, qui dépendent presque tous de la mauvaise volonté des Ouvriers, & du peu de vigilance des gens préposés à les surveiller. Je crois qu'avec plus d'attention, il est possible de surmonter les obstacles qui peuvent venir de l'intempérie de l'air, & des différentes qualités du charbon ou même de la matiere des briques.

Observations de M. Fourcroy.

En recueillant les détails que l'on vient de voir, j'ai fait différentes expériences dont les résultats pourront avoir leur utilité : ce qui m'engage à les rapporter ici sommairement.

129. En Flandres, les briques sont ordinairement moulées pour être de huit pouces de longueur sur quatre de largeur, & deux d'épaisseur, après qu'elles sont cuites ; & comme il y a des terres qui perdent plus que d'autres sur leurs dimensions en séchant & en cuisant, on donne au moule depuis deux jusqu'à six lignes de plus de longueur & de largeur, & deux ou trois d'épaisseur, suivant ce que les expériences (no. 7.) ont indiqué. *Dimensions du moule.*

130. J'ai pesé soigneusement grande quantité de briques sortant d'un moule de huit pouces trois lignes, sur quatre pouces trois lignes, & deux pouces deux lignes de dimensions. Leur poids réduit étoit de 5 livres 14 onces. Toutes les briques du même moule bien séchées & prêtes à être enfournées pesoient, réduction faite, 4 livres 8 onces : elles avoient perdu 22 onces de leur poids par l'évaporation. Toutes celles qui étoient bien cuites pesoient, sortant du four, 4 livres 4 onces poids moyen : ce qui fait 26 onces d'évaporation totale pour chaque brique. J'avois lû ces mots dans l'Histoire de l'Académie (*Tom. I. pag.* 22.) : *Tout le monde sçait que la brique est plus pesante après avoir été cuite.* Ce n'est point-là la conséquence qui résulte de mon observation, mais plutôt celle que j'ai trouvée depuis dans un ouvrage intitulé : *Nouvelle Théorie du mouvement*, 1749. pag. 75. où on lit que *l'argile devient plus dure & plus légere quand on la durcit au feu.* *Poids des briques crues, & leur desséchement.*

131. Suivant les dimensions de ce moule, il ne faut pas plus de 22 ½ briques à 22 ⅔ sortant du moule, pour employer un pied cube de matiere : ensorte que pour fabriquer 500 milliers de briques, il faut environ 103 toises cubes de *terres tirées.* Or, si les 22 ½ briques perdent chacune 26 onces de leur poids primitif par l'évaporation totale, le pied cube de la matiere employée pour les former, aura perdu à peu-près 36 livres ou un demi pied cube d'humidité : c'est peut-être par cette voie, que M. *Gleize* (no. 36.) a connu ce qu'il faut employer d'eau pour chaque pied cube de matiere.

132. J'ai encore observé, que sur les 22 onces d'évaporation d'une brique depuis qu'elle sort du moule jusqu'à ce qu'elle entre au fourneau, une grande

partie se fait en un tems fort court. Les briques moulées le matin, sont dès le soir du même jour (n°. 54.) en état d'être relevées, parées & mises en haie. J'ai trouvé par plusieurs expériences, que chaque brique avoit déja perdu dans ce moment environ 9 onces de son poids : il lui faut ensuite cinq ou six semaines pour en perdre 13 autres.

Poids des briques cuites.

133. Il y a très-peu de différence de poids, entre les briques bien ou mal cuites du même échantillon. Entre celles dont je parle ici (n°. 129.), on peut évaluer celles qui sont trop cuites (n°. 123.) à 45 quintaux le millier : les bien cuites à 46 quintaux, & les mal cuites (n°. 124.) à 47 quintaux. Le pied cube de ces briques, supposé plein, peseroit environ 115 livres : mais ce pied cube est imaginaire, puisqu'il n'est pas sans intervalles. Ayant donc arrangé grand nombre de briques des dimensions 8, 4 & 2 pouces, le plus serrées qu'il m'a été possible, j'ai trouvé que l'on doit évaluer le poids de leur pied cube à 104 livres au plus, & qu'il faut 22 $\frac{1}{2}$ ou 22 $\frac{1}{3}$ briques au plus pour un pied cube.

Quantité de briques à la toise cube.

134. Ce calcul donneroit environ quatre mille huit cents quarante briques à la toise cube. Cependant, une toise cube de maçonnerie de ces briques n'en consomme que quatre mille trois à quatre cents apportées des fourneaux, à cause des joints. Le compte ordinaire est d'une base de 17 & 8 $\frac{1}{2}$ briques sur trente tas de hauteur, ce qui fait quatre mille trois cents trente-cinq briques à la toise cube, ou vingt briques par pied cube. Mais quand on construit les fourneaux, on compte sur cinq milliers par toise cube de maçonnerie, attendu le grand déchet dont j'ai parlé (n°. 119.)

135. On estime qu'un Maçon habile doit construire dans sa journée de douze heures de travail, un quart de toise cube de maçonnerie de briques, c'est-à-dire, employer mille à onze cents briques, & un Ouvrier médiocre huit à neuf cents ; de-là vient, qu'en faisant travailler à la maçonnerie quarrée d'une brique *boutisse* d'épaisseur, on estime à deux toises quarrées la journée d'un bon Maçon, & à une toise & demie la journée d'un médiocre : la toise quarrée de cette maçonnerie contient environ cinq cents dix briques.

Poids des ciments.

136. J'ai eu occasion de faire piler & tamiser des briques de différents degrés de cuisson, du carreau de chambre, & du tuileau, cherchant s'il y auroit quelque différence à reconnoître entre les poudres de matieres si différentes entr'elles, dans l'usage que l'on en fait pour les mortiers. La poudre de toutes ces matieres, entassée & pressée avec soin, pese environ quatre-vingt-huit livres le pied cube : mais je n'ai rien trouvé qui pût donner moyen de distinguer, si elle provient de tuiles, de briques ou de carreaux.

Imbibition des briques.

137. Tous ceux qui ont vû bâtir en briques, peuvent avoir remarqué combien le mortier le plus liquide se desséche promptement lorsqu'il est appliqué sur les briques. L'une des causes de ce desséchement subit, est la qualité que

l'on reconnoît aisément à la brique, de s'imbiber de beaucoup d'eau. J'ai fait quantité d'expériences, qui m'ont appris qu'une brique neuve bien cuite, boit communément au moins neuf onces d'eau, c'est-à-dire, un huitiéme de son poids, & rarement au-delà d'un septiéme; que plongée dans l'eau, elle continue pendant vingt-quatre heures au moins à donner des indices d'imbibition, par les bulles d'air qui s'en échappent; qu'elle s'imbibe également vîte, & qu'elle acquiert le même poids, soit qu'elle trempe entiérement dans l'eau, soit qu'elle n'y touche que par un de ses bouts, que l'eau soit chaude ou froide; enfin, qu'en dressant deux briques bout-à-bout l'une sur l'autre avec du sable dans le joint, l'eau dans laquelle on fait tremper le bout de la brique inférieure monte ordinairement, réduction faite, jusqu'à cinq & six pouces de hauteur dans les pores de la brique supérieure. Y auroit-il quelque liaison entre cette imbibition de neuf onces d'eau, & la premiere ou prompte évaporation d'environ neuf onces qui sort (nº. 132.) d'une brique récemment moulée?

138. On remarque au bout de quelques années dans les parements de briques des ouvrages de fortifications, des dégradations considérables, occasionnées en partie par la naissance d'une grande quantité d'herbes, d'arbrisseaux & de plantes qui prennent racines entre les joints des briques. Tous ces parements sont construits en talut, communément d'un sixiéme de leur hauteur. Il est évident que pour former ce talut avec des briques de forme parallélipipédale, il faut ou incliner les briques sur leur assiette d'un sixiéme de leur longueur ou largeur, ce qui est regardé comme de mauvaise construction; ou les asseoir de niveau les unes sur les autres, chacune en retraite d'un sixiéme de son épaisseur, c'est-à-dire, de quatre à cinq lignes sur celle qui la supporte. On recouvre ordinairement cette petite retraite de mortier bien *reciré* & réparé à la truelle. Mais en peu de tems les pluies l'enlevent: les terres, la poussiere, & les graines que le vent transporte, en prennent la place, & les plantes y germent bien-tôt avec abondance. Pour prévenir cet inconvénient destructeur, les Anciens avoient fabriqué des briques dont un des flancs ou l'un des bouts, étoit moulé au talut d'un sixiéme de leur épaisseur. Nombre d'anciens ouvrages, aux Places de l'Artois, ont leurs parements formés de pareilles briques en talut, & ne sont communément point tant dégradés par les plantes que les autres. J'ai vû imiter cette bonne pratique dans quelques Briqueteries des Entrepreneurs du Roi: & il seroit à souhaiter qu'elle fût générale. On comprend aisément que ces briques uniquement destinées aux parements, doivent être façonnées dans des moules faits exprès, soigneusement *parées*, & placées dans le centre des fourneaux: & cela n'a besoin d'aucune explication.

Briques à talut.

REMARQUES.

On sait de tout temps que les maçonneries en briques sont sujettes à se dégrader, principalement celles des murailles en talut, telles que les revêtements des corps de place.

C'est cet objet, intéressant à l'Etat, qui a engagé MM. FOURCROY & GALLON à étudier la fabrication des briques, & à chercher les moyens de les faire meilleures que par le passé. On vient de voir quel est sur ce point le sentiment de M. FOURCROY. M. GALLON pense que plusieurs causes concourent au dépérissement dont on se plaint : 1°. Le défaut de qualité dans les briques & les mortiers qui les unissent : 2°. La disposition des taluts : 3°. L'exposition de ces taluts.

Plus y aura de taluts, plus les eaux pluviales séjourneront sur ces surfaces inclinées, sur-tout si elles sont opposées à un vent violent, & qui ait une direction constante. L'eau retenue sur un pareil plan incliné s'insinue dans les pores de la brique & dans les joints des mortiers ; s'il survient ensuite des gelées, elles font sauter par éclats tout ce qui a été pénétré d'humidité.

On remarque que les anciennes briques étoient moins sujettes à cet inconvénient que celles qu'on fabrique aujourd'hui. C'est la comparaison que M. GALLON a faite des unes avec les autres, qui a excité sa curiosité sur un fait qui est très-intéressant pour le service du Roi. En 1759, on fut obligé de rétablir à Maubeuge, le demi-front de la porte de Mons ; c'est-à-dire, une face de bastion, le flanc & la moitié de la Courtine. Les briques s'employoient à fur & à mesure que les Briquetiers les fournissoient. On soupçonnoit bien dès-lors ces briques de n'être pas aussi solides qu'elles le devoient être ; mais on étoit prévenu que les terres des environs n'en pourroient pas fournir de meilleures : outre cela, il falloit exécuter l'ouvrage, & on n'en avoit pas d'autres. A un automne pluvieux, succéderent des gelées, & l'hyver fut long ; toutes les briques de parement de l'ouvrage neuf, éclaterent ; & l'été suivant, l'Entrepreneur fut obligé de rétablir l'ouvrage à ses frais.

Si les parties des anciens ouvrages avoient souffert des dégradations, ce n'étoit pas par la mauvaise qualité des briques, qui étoient pleines, dures & sonores, mais par les mortiers qui avoient manqué les premiers. La différence considérable que M. GALLON remarquoit entre les anciennes briques & les nouvelles, le détermina à étudier les Briqueteries, pour parvenir à connoître la véritable cause de cette différence.

Personne n'ignore que les maçonneries, sur-tout dans les ouvrages qui sont à l'abri des injures de l'air, acquierent beaucoup de dureté par le tems. On étoit disposé à conclure de-là que la dureté des anciennes briques dépendoit en partie de ce que leurs pores étoient remplis des vieux mortiers dont elles avoient été abreuvées. M. GALLON peu satisfait de cette idée, a pensé qu'on pouvoit faire maintenant d'aussi bonnes briques que les anciennes, & il ne s'est pas trompé.

Il avoit à combattre un préjugé établi depuis long-tems, sur la mauvaise qualité des terres dont on disoit être forcé de faire usage. M. GALLON en garde contre ce préjugé, se proposa d'examiner si la mauvaise qualité des briques ne dépendoit pas plutôt de ce que la terre étoit mal préparée, & pas assez cuite. Il eut donc recours aux expériences suivantes, qui sont de nature à ne laisser aucun doute, même à l'égard des Briquetiers qu'il falloit convaincre par des faits.

M. GALLON pose comme un principe généralement reçu, que la bonne brique doit être dure & sonante ; que le son vient du ressort des parties, & qu'il est une preuve de l'union intime & du resserrement des molécules terreuses. Les pierres dont la contexture est la plus serrée, sont les plus dures & les plus élastiques : il faut, dit M. GALLON, que l'art cherche à imiter la nature, & tende à rapprocher les unes des autres les parties qui constituent la masse totale ; & cela en employant les deux agents dont on fait usage, l'eau & le feu : après cette théorie simple, il entre ainsi en matiere.

La terre à briques, que l'on tire vers le commencement de Novembre, restant exposée à l'air pendant l'hiver, s'humecte & s'imbibe par les pluies ; les gelées qui succedent, la divisent en petites molécules, & l'argile en est plus disposée à être corroyée. On a vû que quand on veut former des briques avec de l'argile, on la mouille de nouveau, on laisse le tems à l'eau de pénétrer dans la terre, & ensuite on la paitrit à plusieurs reprises : c'est par cette opération, ajoûte M. GALLON, qu'on peut augmenter la densité des briques. Voici comme il le prouve : Personne n'ignore que de deux morceaux de matiere homogène, de figure semblable, de volume égal, celui qui pese le plus, contient plus de matiere.

C'est en partant de ces principes simples, que M. GALLON fit l'expérience suivante dans la Briqueterie d'un nommé *Matthieu Juman*, située tout près de Maubeuge, sur le chemin de Bitche. Il fit mettre en dépôt, sous un hangar, une certaine quantité de la même terre qu'on employoit ; & il prit cette terre dans l'état où elle est quand on en fait des briques : il convient que cette terre n'est pas des meilleures qu'on puisse employer. Sept heures après, il la fit mouiller & battre pendant l'espace de trente minutes : le lendemain on répéta la même manœuvre ; & on battit encore la terre pendant trente minutes : l'après midi, on battit encore cette terre pendant quinze minutes ; après quoi on en fit des briques. Cette terre n'a été travaillée que pendant une heure de plus que suivant l'usage ordinaire ; mais elle l'a été en trois tems différents.

La

La terre ainsi préparée, pesoit 133 livres le pied cube ; & cette quantité a produit 18 briques de l'échantillon ordinaire, & de plus un restant dont on en forma une dix-neuvieme de la même longueur & largeur que les autres, mais qui n'avoit qu'un pouce six lignes d'épaisseur. Ces briques ont été rangées par couches, & séchées à l'air l'espace de treize jours ; chaque brique pesoit dans cet état 5 livres 11 onces, au lieu que la brique ordinaire qui avoit été faite en même tems, dans le même moule, & par le même Ouvrier, ne pesoit que 5 livres 7 onces : ainsi les briques faites avec de la terre mieux corroyée pesoient quatre onces de plus que les autres. Les moules ont 9 pouces de longueur, 4 pouces 6 lignes de largeur, & 2 pouces 3 lignes d'épaisseur.

Les briques de l'expérience ont été enfournées le 19 Juillet, cuites & défournées le 31 du même mois. On les avoit placées sur la même couche que les briques ordinaires qui leur devoient être comparées, & cuites au même feu ; car à cet égard M. GALLON n'avoit assujetti l'Ouvrier à aucune attention particuliere. Les briques étant cuites, on n'a point remarqué de différence dans la diminution de leur volume ; mais celles dont la terre avoit été bien corroyée pesoient 5 livres 6 onces ; & les briques ordinaires 5 livres 2 onces : il y a donc eu de part & d'autre 5 onces d'humidité qui se sont dissipées ; mais les briques bien corroyées ont conservé le même avantage de poids après la cuisson, qu'elles avoient au sortir du moule.

M. GALLON ne prétend pas que cette comparaison se pût trouver la même dans toutes les épreuves qu'on pourroit faire ; mais l'avantage est toujours resté aux briques bien corroyées. Pour s'assurer de la résistance de ces briques d'épreuve avec les briques ordinaires, il tenta de soumettre les unes & les autres à des charges respectives.

Pour cela, il fit faire trois étriers de fer, tels que *A* (*Planche IX. Fig. 9*) ; les deux étriers *B C* appuyoient sur les extrémités de la brique posée de plat ; le troisiéme *D*, servoit à la suspendre : la brique portant par sa face de dessous sur le couteau *E*, on la posoit en équilibre sur ce tranchant qui n'étoit pas assez aigu pour l'entamer ; ensuite on chargeoit peu à peu de poids égaux les étriers *B C*, jusqu'à ce que la brique cédât à l'effort des poids.

Les briques d'épreuve rompirent après avoir été chargées à chaque bout de 65 livres, ce qui faisoit en tout 130 livres : les briques ordinaires, cuites à la même couche, ne purent supporter que 35 livres à chaque bout ; en tout 70 livres. Ces expériences répétées toutes sur un nombre de briques de l'une & de l'autre espece, prouvent très-bien que mieux la terre est corroyée, plus il y a d'adhérence entre les parties qui les forment.

M. GALLON ne s'en tint pas là ; il mit tremper dans l'eau une brique d'épreuve, & une de celles qu'on avoit faites à l'ordinaire, pour leur servir de comparaison. La brique d'épreuve pesoit 5 livres quatre onces ; la brique ordinaire 5 livres une once ; toutes deux resterent tremper dans l'eau pendant vingt-quatre heures : celle d'épreuve a pesé 6 livres 3 onces ; & la brique ordinaire 5 livres 15 onces : la brique d'épreuve s'est donc chargée d'une once d'eau de plus que la brique commune. Il est bien singulier qu'une brique qui contient dans un même espace trois onces de plus de matiere, & qui par conséquent est plus dense, admette néanmoins plus d'eau. M. GALLON en attribue la cause aux nœuds auxquels les briques ordinaires sont très-sujettes : ces nœuds, comme on sçait, sont de petites mottes de terre, qui n'ayant point été corroyées, se durcissent beaucoup à la cuisson, & font dans les briques des corps étrangers qui sont impénétrables à l'eau ; au lieu que les briques d'épreuve sont des corps homogènes que M. GALLON croit plus propres à résister, que ne peuvent être les briques qui sont de densité aussi inégale. Cela peut être ; mais il est probable qu'en répétant cette même épreuve sur un nombre un peu considérable de briques, on trouveroit que celles dont la terre a été bien corroyée n'imbibe pas plus d'eau que les autres, sur-tout si on laissoit les unes & les autres tremper douze ou quinze jours dans l'eau.

M. GALLON ajoute, qu'en rompant ces deux briques d'espece différente, on appercevoit que les briques communes étoient pleines d'aspérités & de parties d'inégale densité, au lieu que celles de son épreuve présentoient une texture uniforme.

S'il est très-important de bien corroyer la terre dont on veut faire la brique, il n'est pas moins essentiel que cette brique soit bien cuite : le feu, dit M. GALLON, est l'agent principal qui produit l'union des parties ; mais il faut en même-tems pouvoir en régler l'action, en l'augmentant ou en le diminuant suivant le besoin ; & c'est ce qui n'est point pratiquable dans la construction des fours ordinaires.

Il faut considérer le massif dont nous avons parlé plus haut, comme une sphere de laquelle partent quantité de rayons de feu ou de chaleur, qui tendent à s'étendre au-dehors ; mais l'enduit d'argile qui recouvre l'extérieur des briques, joint à la bordure de terre qu'on accumule au pied du four, tous ces obstacles retiennent beaucoup de ces rayons ignés qui sont répercutés vers le centre : la chaleur trop vive en cet endroit, met des briques en fusion ; elles s'attachent les unes aux autres, & forment ce qu'on appelle des *roches*, du *biscuit* ou des *vases crues*.

Ce qui prouve encore le grand effet du feu au centre de la fournée, c'est, ajoute M. GALLON, l'affaissement dans cette partie, qui, pour l'ordinaire, est de sept à huit pouces & quelquefois davantage : c'est même de ce point que partent les Briquetiers pour juger du succès de leur fournée. Il y a cependant un déchet qu'on regarde comme inévitable, & qu'on estime communément d'un vingtiéme, c'est-à-dire, de dix milliers sur deux cens milliers. Pour diminuer considérablement cette perte, M. GALLON pense qu'il ne s'agiroit que de modérer la chaleur, sur-tout lorsque la fournée est entiérement achevée : c'est alors, dit-il, que contenant plus de charbon, l'activité du feu est la plus grande. Voici un moyen qu'il desireroit qu'on éprouvât sur une petite fournée de 10 à 12 milliers ; car, ajoute-t-il, on sçait que ce qui paroît, par le raisonnement, porter un caractere d'évidence, ne réussit pas toujours dans l'exécution : voici l'idée de M. GALLON.

Il faudroit construire avec les briques mêmes, au centre du fourneau une cheminée d'un pied & demi ou de deux pieds en quarré, qui régneroit dans toute la hauteur de la pile, & pratiquer de même, au rez de chaussée, ou plutôt au-dessus du sixieme tas une communication ; en observant d'y faire un enduit d'argile, ainsi qu'au-dedans du tuyau de la cheminée. On rempliroit de bois la gallerie & la cheminée, on allumeroit ce bois avant de mettre le grand feu dans la totalité de la pile : la partie supérieure de la cheminée pourroit se fermer à volonté au moyen d'une plaque à laquelle on ménageroit plusieurs registres.

En ménageant cette cheminée & la galerie de communication, il en résulteroit deux avantages : le premier, seroit d'échauffer par degrés toute la pile, par le moyen du feu mis au bois qu'elle contient, avant d'allumer les six fourneaux ; le second avantage seroit de pouvoir conduire convenablement le feu, soit en ouvrant, soit en fermant l'évent ou quelques-uns de ses registres : mais, dit M. GALLON, je ne propose ceci que comme une idée à laquelle il ne faut avoir une pleine confiance qu'après qu'on en aura fait l'expérience.

Indépendamment de tout ce qui vient d'être dit sur la préparation de la terre & sa cuisson, M. GALLON pense que le choix de la terre est une partie bien essentielle pour faire de bonnes briques ; & à cette occasion il parle d'une espece de terre qu'on tiroit autrefois de la Couture Saint Quentin près Maubeuge, d'un terrein qui appartient aux pauvres & dont l'administration est confiée aux Magistrats de la Ville : voici des expériences qui prouvent que cette terre est d'une qualité supérieure à celle qu'on a coutume d'employer.

M. GALLON a fait prendre une certaine quantité de cette terre : après une préparation très-commune, on en a moulé des briques qui ont été placées dans un fourneau ordinaire, & cuites avec le charbon de terre. Ces briques façonnées dans le même moule où on avoit façonné les autres, après avoir été bien séchées, pesoient chacune 5 livres 12 ou 13 onces : après leur cuisson, elles se sont trouvées réduites à 5 livres 6 onces : appliquées à la balance d'épreuve, elles ont porté 440 livres, c'est-à-dire, 220 livres sur chacune de leurs extrémités. En se rappellant pareille expérience rapportée plus haut, on trouvera cette force considérable, en comparaison de celles de terre corroyée avec soin, qui ont rompu à la charge totale de 130 livres, ou 65 livres sur chaque extrémité. Ces briques-ci sont dures, sonantes, & d'un rouge-brun. Une brique bien faite, fabriquée à une nouvelle Briqueterie établie à la porte de France, sur les terres de M. le Vicomte de Rouvroy, n'ayant pû rompre, quoique chargée sur chaque bout de 241 livres, M. GALLON n'a pû connoître exactement quelle pouvoit être sa force. Cette expérience fait appercevoir combien la nature des terres influe sur la qualité des briques, & combien il est important d'éprouver les terres qu'on destine à faire des briques. Mais plusieurs raisons d'œconomie empêchent les Ouvriers d'apporter à leurs ouvrages toutes les attentions nécessaires ; c'est néanmoins ce qui fait que les anciens ouvrages en briques étoient bons & solides, pendant que ceux qu'on fait aujourd'hui périssent très-promptement.

Il est bien prouvé que le choix d'une bonne terre, sa préparation & sa cuisson parfaite, sont des articles essentiels pour faire de bonnes briques ; mais comme toutes les denrées ont augmenté de prix, il est juste de présenter à l'Ouvrier un bénéfice proportionné, sans quoi il emploiera toute son industrie à faire de mauvais ouvrages, afin de pouvoir vivre de son travail : & il arrive de-là, que le peu de durée des ouvrages ruine celui qui veut réduire à trop bas prix le travail des Ouvriers. Pour mettre un prix équitable à une marchandise, il faut connoître les besoins de l'Ouvrier, s'instruire du prix des vivres, afin que sçachant d'un autre côté la quantité d'ouvrage qu'il peut faire, le Maître qui l'emploie puisse le mettre en état de subvenir à ses dépenses journalieres ; & ces détails doivent s'étendre depuis les principaux Ouvriers, jusqu'aux Manœuvres : il n'y a point d'Ouvrier raisonnable, qui ne se soumette aux régles qu'on lui prescrit, lorsqu'on lui fait appercevoir un profit raisonnable. Voici quelles sont ces régles :

Lorsque par des expériences, on se sera assuré que la terre est de bonne qualité, il faut 1°. tirer la terre avant l'hiver, & l'étendre à une médiocre épaisseur, pour qu'elle puisse recevoir les influences de la gelée.

2°. Dans la saison de mouler, après avoir étendu le volume de terre qu'on veut préparer, on l'imbibera d'une suffisante quantité d'eau pour que cette terre puisse en être pénétrée par-tout. On laissera le tas en cet état pendant une demi-heure; on la mettra en tas supposés de neuf pieds en quarré, sur un pied d'épaisseur, ce qui fait quatre-vingt-un pieds cubes, qui, à raison de dix-huit briques par pied cube, produira mille quatre cents cinquante-huit briques : il faut trois tas par table pour la journée d'un bon Mouleur.

3°. La demi-heure étant écoulée, le Batteur de terre & le Mouleur paîtriront avec les pieds, & pendant une heure chacun de ces tas; ils finiront par les retourner & les polir avec la pelle mouillée, & les laisseront couverts de paillassons jusqu'à l'après-midi du même jour.

4°. Au bout de sept à huit heures, ils remêleront chacun de ces tas sans y mettre d'eau, à moins qu'un grand hâle n'eût trop durci la superficie; en ce cas, on en pourroit jetter un peu sur le dessus; on emploiera encore une heure à paîtrir chaque tas, seulement avec le hoyau & la pelle, en observant de changer les tas de place, lorsqu'on en retournera la terre : & à cette fois on donnera aux tas la forme d'un cône.

5°. Le lendemain, de grand matin, on remuera encore cette terre pendant un quart-d'heure : après quoi, elle sera en état d'être employée par le Mouleur.

On sent bien que pendant qu'on emploie la terre de ces trois premiers tas, on en prépare trois autres pour le lendemain; il doit donc toujours y avoir six tas de terre en train pour charger la table : mais cela ne se peut faire qu'en employant un *Batteur* & un *Rouleur* à la préparation de la terre, comme cela se faisoit autrefois. Le retranchement qu'on a fait d'un Ouvrier, ne fait qu'une épargne de 3 sols 3 deniers par millier, & ce retranchement influe beaucoup sur la qualité de la brique.

Quand il fait beaucoup de hâle, les briques moulées peuvent être enfournées au bout de quinze jours.

M. Gallon assure qu'avec les précautions que nous venons de rapporter d'après lui, on fera d'aussi bonnes briques que celles des Anciens.

J'ajouterai, qu'il est essentiel que la brique soit mouillée après être sortie du fourneau; quand elle ne l'a pas été, elle aspire l'humidité du mortier, qui alors ne prend point corps, & tombe en poussiere : c'est une observation que nous avons eu occasion de faire plusieurs fois; & c'est par cette raison, que quand nous faisons employer de la brique & du carreau récemment sortis du four, nous les faisons tremper dans de l'eau, à moins que des pluies abondantes ne les aient suffisamment humectés.

M. Durand a écrit de Douay à M. Perronnet, 1°. qu'il y a des Briquetiers qui font une galerie, qui coupe à angle droit toutes les galeries ou fourneaux; cette galerie s'étend d'une face du four, où il n'y a point de gueule, jusqu'à la face opposée : en mettant le feu à cette galerie, il se communique à toutes les autres.

2°. Il dit encore qu'il faut à peu-près sept coupes de charbon de terre ou de houille, par millier de briques : la coupe pese cinquante livres poids de marc.

3°. Que le charbon de Mons, est réputé le meilleur pour cuire la brique.

4°. Qu'il faut à peu-près vingt à vingt-cinq jours, pour cuire un four de quatre cents milliers de briques.

5°. On pense que la tourbe ne feroit pas un feu assez vif pour cuire la brique, suivant la méthode usitée dans le Haynaut.

6°. Je sçais qu'on fait en Hollande d'excellentes briques avec la tourbe; & que les fours fort grands sont à peu-près semblables à ceux qui sont au bord de la Seine, les arches sont seulement plus grandes, & les mottes de tourbe qu'on y brûle sont fort grosses. On m'a promis des détails sur ces Briqueteries : s'ils me parviennent, je les donnerai par addition; mais en attendant, je puis assurer que M. de Corbeil qui a sa terre auprès de Montargis, y a cuit assez considérablement de briques avec de la tourbe, dans des fours semblables à ceux de Montereau; & ces briques qui sont depuis plus de douze ans en œuvre se soutiennent très-bien. M. de Corbeil a seulement éprouvé l'inconvénient des roches; ce qu'il attribue à ce que sa terre étoit trop fusible; peut-être ce défaut dépendoit-il de ce que le feu n'étoit pas conduit avec assez d'art. Mais il résulte des opérations de M. de Corbeil, que la tourbe donne plus de chaleur qu'il n'en faut pour cuire de la brique : c'est une remarque qui pourra être fort utile à ceux qui seroient dans des Provinces où l'on trouve beaucoup de tourbe, & dans lesquelles le bois & le charbon de terre sont rares.

EXPLICATION DES FIGURES.

PLANCHE I.

La plûpart des Figures de ces Planches, font prifes fur les deffeins de M. Gallon. J'y en ai ajouté plufieurs pour l'intelligence de ce qui fait la matiere des Notes.

Fig. 2. Une poignée de tuiles, dans l'ordre où on les arrange pour les mettre en tas : les crochets font en dehors, & le plat des tuiles fe touche.

Fig. 3. Une poignée de tuiles, comme on les arrange pour les mettre en haie, foit fous le hangar, foit dans le four : les crochets empêchent que les tuiles ne fe touchent par leur plat.

Fig. 4. Table du Mouleur ; *aa*, terre préparée à être mife dans le moule ; *b*, caiffe où l'on met le fable fec, pour empêcher que la terre ne s'attache à la table ou au moule ; *c*, vafe rempli d'eau, pour mouiller le moule & la plane ; *d*, archet pour couper la terre ; *ee*, palettes pour porter les tuiles ; *f*, le moule : *g*, la plane.

Fig. 5. Moule pour les tuiles plattes repréfenté en grand ; au-deffous de *f*, eft l'entaille où fe forme le crochet.

Fig. 6. La plane vûe en différentes fituations : elle fera encore repréfentée fur la Planche V.

Fig. 7. Palette ou planche pour porter les tuiles fur la place.

Fig. 8. Selle pour battre les tuiles, quand elles font à moitié feches.

Fig. 9. La batte pour battre les tuiles fur la felle de la *Fig.* 8, & en comprimer la terre : fi l'on battoit ainfi les briques, elles en feroient meilleures.

Fig. 10. Efpece de rateau fans dents, ou *rable* pour dreffer & égaler le terrein.

Fig. 11. Tuiles dans la pofition où on les met fur la place au fortir du moule.

Fig. 12. Halle pour mettre les tuiles en haie, & où elles fechent avant de les mettre au four.

Fig. 13. Grand moule pour les fêtieres.

Fig. 14. Moule pour les tuiles creufes : celui pour les tuiles gironnées eft à peu-près femblable.

Fig. 15. Fêtiere moulée.

Fig. 16. Moule pour les briques ; ce moule eft ordinairement double : il y en a néanmoins qui ne font deftinés qu'à mouler une feule brique à la fois.

Fig. 17. Tuile creufe, moulée & cuite ; au-deffous on en voit deux autres, pofées dans l'état où on les met en place fur les bâtiments.

Fig. 18. Tuile en *S* ; on voit au-deffous de quelle maniere on les pofe fur les bâtiments.

Fig. 19.

FIG. 19. Tuile bordée ; on voit au-dessous la maniere dont elles sont posées sur les bâtiments.

FIG. 20. Grandes briques pour couvrir un parapet en dos-d'âne.

La FIG. 21. représente quelques constructions particulieres de briques en losange : on en trouve de pareilles dans des édifices anciens.

La FIG. 22. fait voir comment on met les tuiles en haie sous la halle : *aa*, premier lit ; *bb*, second lit ; *cc*, troisieme lit.

FIG. 23. Carreau ; au-dessous on voit comme on les arrange sous la halle : souvent on les met de champ.

La FIG. 24. représente comment on moule les fêtieres ; *a*, fêtiere cuite qui sert à courber les autres ; *bb*, piece de bois arrondie qu'on pose sur la fêtiere cuite, pour courber celle qui a été moulée & séchée ; *cc*, tuile que l'on courbe ; *bb*, poignées par le moyen desquelles on enleve la fêtiere courbée, & on la met sécher sur un de ses bouts : *abc*, la même tuile courbée vûe par un des bouts.

PLANCHE II.

Cette Planche a été gravée d'après les desseins de M. GALLON ; elle représente le grand four construit près le Havre de Grace, & où l'on fait cuire la brique & la tuile avec du bois.

FIG. 1. Plan du four. *ABCD*, lignes ponctuées suivant lesquelles ont été faites les Figures 2 & 3. *NQPO*, mur de briques qui forme le corps du four. *FGHI*, contre-mur bâti plus à la légere, & fortifié par des contre-forts. L'espace *ff* qui est entre le mur *NQPO* & le contre-mur *FGHI*, est rempli par une maçonnerie en terre. *SSS*, gueules du four par lesquelles on met le feu sous les arches. *EFIK*, appenti qui embrasse les trois gueules *SSS*. Les Chauffeurs couchent sous cet appenti, & on ouvre ou l'on ferme les portes *TTT*, suivant qu'on veut exciter ou ralentir le feu. *VX*, portes pour charger & vuider le four : on les maçonne pendant la cuisson. *TT*, de l'intérieur du four marquent les sommiers vûs par-dessus. *RRR*, le dessus des arches qui forment des banquettes ; 1, 2 & 3, briques posées en travers pour donner de la solidité aux arches. *WZ*, champs de briques posées dans le four.

FIG. 2. Profil du même four, pris sur la ligne *DC* du plan. *PQ*, murs du four. *VX*, portes pour charger & décharger le four. *SSS*, arches sous lesquelles on met le feu. *TT*, sommiers. *RR*, arrasement du dessus des arches qui forme le gril ; 1, 2 & 3, briques de champ qui lient les arches les unes avec les autres.

FIG. 3. Profil du même four, pris sur la ligne *AB* du plan. *OP*, murs qui forment le corps du four. *HS*, contre-murs. *RRRR*, coupe d'une file d'arches par leur clef. *S*, une des bouches qui répondent à la file d'arches *RRRR*. 1, 2 & 3, briques de champ, qui arcboutent les arches les unes contre les autres.

M, briques qui forment le gril ; *ILK*, l'appenti qui renferme les trois bouches.

PLANCHE III.

Cette Planche est entiérement faite sur les desseins de M. D.

FIG. 1. Plan des fours de Montereau, des environs d'Etampes & du rein de la forêt d'Orléans. *NOPQ* est le corps du four ; on y voit le dessus des arches. *SS*, entrée des arches. *T*, le sommier. *V*, la bombarde où l'on établit le grand feu. Cette partie est disposée de façon, que la voûte s'éleve plus du côté de *S*, que du côté de la porte *Y*. *X*, chaufferie sous laquelle restent les Chauffeurs, pendant tout le tems que le feu est au fourneau. Au-dessous de *Y*, projection du trou par lequel s'échappe la fumée qui pourroit incommoder les Chauffeurs ; & au-dessus de *Y*, est la porte qui communique de la chaufferie dans la bombarde ; c'est cette porte qu'on maçonne jusqu'à moitié de sa hauteur avant de mettre le grand feu : on la ferme entiérement quand l'ouvrage est cuit.

La FIG. 2. représente le corps du four coupé au-dessus de l'arrasement des arches. *NOPQ*, corps du four. *SS*, l'entrée des arches. *T*, le sommier. *AS*, l'arrasement du dessus des arches. *BS*, pareil arrasement fait avec les briques qu'on met de champ pour lier les arches les unes aux autres, & leur donner de la solidité.

FIG. 3. *NOPQ*, le corps du four coupé au-dessus du gril ou *guille* (les Briquetiers disent l'un & l'autre). *SS*, l'entrée des arches. *T*, le sommier. On voit ici comment est carrelé le bas de quelques fours, pour former les lumieres par lesquelles la chaleur se communique du dessous des arches dans le corps du four.

FIG. 4. *NOPQ*, le corps du four chargé de tuiles : il faut qu'à tous les champs les tuiles se croisent ; mais les uns mettent les tuiles d'un même sens à chaque champ dans toute l'étendue du four, & d'autres les arrangent par bandes, comme on le voit représenté dans cette Figure.

La FIG. 5. fait voir comment on arrange les premiers lits de briques sur le gril, ou lorsqu'on veut faire des lacets, soit avec des briques, soit avec des carreaux.

FIG. 6. Elévation du four vû de face. *HNQ*, le bas du four jusqu'au-dessus du gril. On voit au travers de la coupe de la bombarde les arches *SS*, le sommier *T*, & deux ouvertures triangulaires *IK*, par lesquelles la chaleur se communique dans le four. On met devant ces ouvertures plusieurs rangs de brique, pour recevoir la grande impression du feu. *EFGH*, le corps du four dans lequel on arrange l'ouvrage. On voit çà & là des especes de bossages ; ce sont des grais qu'on y met, quand on en a, pour lier plus exactement le corps du four, parce qu'ils font parpin : au-dessus de *V*, est la porte par laquelle on charge le four.

Fig. 7. Le même four vû en perspective. *X*, chaufferie. *V*, bombarde. *G*, porte par laquelle on enfourne. *PDQC*, arrachement : ils désignent où l'on place quelquefois des contre-forts.

Les fours, dont il est ici question, ne sont point couverts : il y en a d'autres qui sont voûtés par-dessus.

Ces fours voûtés sont représentés dans la *Planche VI. Figure* 4. & l'on y construit de petites cheminées *A*, qui surmontent la voûte ; elles sont au nombre de vingt ou vingt-cinq, suivant la grandeur du four ; on les nomme *évents* ou *lumieres*. *BC*, ceinture de fortes *moises* de bois, qu'on met quelquefois pour fortifier le four & empêcher qu'il ne s'ouvre. *D*, porte pour charger le four par en bas. *E*, fenêtre pour charger le haut du four. Le bas de ces fours voûtés est le même que celui représenté par les *Figures 6 & 7. de la Planche* III.

La Fig. 8. représente comment on dispose les tuiles dans le fourneau ; elles sont trop écartées les unes des autres dans cette Figure : elles devroient se toucher, sauf l'épaisseur du crochet.

La Fig. 9. fait voir en grand, comment on arrange les briques ou les carreaux pour former des lacets.

On voit dans la Fig. 10. ces mêmes lacets disposés dans un autre sens.

Fig. 11. Fourches de différente grandeur, servant à introduire les fagots sous les arches ; ces fourches sont de fer jusqu'au tiers de leur longueur, & le reste de leur manche est de bois, & entre dans une douille.

PLANCHE IV.

Les Figures de cette Planche sont entiérement prises sur les desseins de M. Fourcroy.

Fig. 1. Pelle de tôle ; elle sert à nettoyer les places lorsque la surface du terrein n'est ni trop dure, ni trop inégale ; on l'emploie aussi à charger le charbon dans les mannelettes pour le répandre sur le fourneau.

Fig. 2. Houe de fer recourbée, qui sert à nettoyer les places dont il faut abattre les sillons, & remplir les creux.

Fig. 3. Dame de bois, pour affermir le terrein nouvellement remué.

Fig. 4. Poussoir de bois, pour égaler & étendre le sable sur les places.

Fig. 5. Rateau de bois ordinaire, servant au même usage.

Fig. 6. Louchet ou Bêche pour tirer la terre.

Fig. 7. Ecope ordinaire, ou Pelle creuse pour jetter l'eau.

Fig. 8. Pellette de fer, ou Bêche étroite pour remuer les terres.

Fig. 9. Houe à démêler : elle sert à battre la terre que l'on prépare.

Fig. 10. Pelle de bois servant à démêler.

Fig. 11. Paillassons ordinaires.

Fig. 12. Pelle de bois ferrée, qui sert à remuer le sable.

Fig. 13. Pelle du Brouetteur, servant à charger la terre.

Fig. 14. Brouette coffrée pour transporter les terres, le sable & le charbon.

Fig. 15. Minette ou coffre, dans lequel on met le sable pour saupoudrer le moule & la table.

Fig. 16. Seau de bois, pour transporter l'eau sur la brouette jusqu'à la table du Mouleur.

Fig. 17. Bacquet qu'on emplit d'eau, pour être mis sur la table du Mouleur.

Fig. 18. Plane servant à emporter la terre qui excede le moule.

Fig. 19. Moule pour deux briques, vû dans différentes positions; ses bords sont garnis de fer blanc, pour qu'il ne s'use point.

Fig. 20. Table à mouler; *a*, place du bacquet; *b c*, endroit où est le moule.

Fig. 21. Brouette du metteur en haie; elle peut contenir 50 briques.

Fig. 22. Brouette du Rechercheur, servant à transporter les briques au fourneau.

Fig. 23. Batte garnie de fer, pour écraser le charbon.

Fig. 24. Batte qui n'est point garnie de fer, & qui sert au même usage.

Fig. 25. Mannelette d'osier, avec laquelle on transporte le charbon sur le fourneau.

PLANCHE V.

Cette Planche représente la disposition d'un terrein, pour établir un fourneau à cuire 500 milliers de briques : elle a été gravée sur les desseins de M. Fourcroy.

Le parallélogramme de ce fourneau, est de 25 toises de largeur sur 50 de longueur.

AA, est une partie du tas de terre qui a été fouillée pendant l'hiver, & qu'il s'agit de préparer pour en faire la brique.

MM, especes de plattes-bandes, destinées pour mettre les briques en haie pour les faire sécher; ces plattes-bandes ont environ huit pieds de largeur; & elles sont bordées d'un petit sillon, pour faire égouter l'eau quand il survient des pluies : on les couvre d'un lit de paille avant d'y mettre les briques.

NN, sont des especes de rues ménagées entre les haies : les Ouvriers les appellent *les places*. On leur donne environ vingt pieds de largeur, pour y pouvoir placer les tables à mouler. L'emplacement *MM* des haies, est de quatre à cinq pouces plus élevé que les places *NN*.

O, représente une baraque de vingt pieds de long sur seize de large; elle sert à loger tous les Ouvriers; elle a un pignon construit de briques pour soutenir une cheminée : le reste est formé par des paillassons.

P, autre baraque de douze pieds de long sur huit de large, servant à tenir à couvert

couvert le sable qui doit toujours être fort sec. *Q*, est le sable qui a été déchargé vis-à-vis la baraque ; on l'y étend, & on ne le met sous la baraque que quand il est fort sec.

Y, est l'endroit où l'on doit établir le fourneau.

La Fig. *Z*, peut donner une légere idée de l'élévation du fourneau.

R, est le lieu où l'on établit le puits, qui doit fournir l'eau nécessaire pour détremper les terres.

S, rigole par laquelle l'eau qui a été tirée du puits se rend dans les bassins *E E*, d'où on la puise pour mouiller les terres.

L, tas de terre qui ont reçûs plus ou moins de préparations.

PLANCHE VI.

Les Figures de cette Planche qui représentent le travail des Batteurs & des Mouleurs, sont gravées sur les desseins de M. Fourcroy, excepté les Figures 2, 3 & 4, qui ont été copiées sur ceux de M. Gallon : la Figure 5 est gravée sur un dessein de M. D.

Fig. *A*, monceau de terre fouillée d'avance ; *B*, Ouvriers qui fouillent la terre ; *C*, mauvaises terres qu'on ne met point sur le monceau *A*, mais qu'on rejette du côté opposé ; *D*, portion de terre qui a été tirée du monceau *A*, & que les Ouvriers *E* arrosent avec des écopes, pendant que d'autres *F* la remuent ; *G H*, autres Ouvriers, qui, après avoir fait un nouveau tas de terre pris du tas *D*, la corroient avec leurs pieds & leurs outils. Après avoir formé successivement quatre tas avec la même terre, & que le quatriéme tas a été bien corroyé, on forme le tas *I* ; l'Ouvrier *L* le bat, l'unit avec le dos de sa pelle, & il le couvre avec des paillassons *K*.

R, est le puits & les Tireurs d'eau ; *SS*, rigole par laquelle l'eau se rend dans de petits bassins où les Ouvriers *E* la puisent. *L*, au-dessous, est le même tas de terre préparée, cotté de la même lettre, & dont nous venons de parler ; un Ouvrier *V* en charge une brouette, pour voiturer la terre à portée du Mouleur ; *Z*, planches mises le long du chemin pour faciliter le roulage ; *a*, est la terre voiturée & couverte de paillassons ; *t*, Mouleur qui ramasse une partie de cette terre pour en charger sa table *d*, sur laquelle est le moule *e*, le bacquet plein d'eau *c*, & la plane *f*. A portée de la table, est la minette *b*, remplie de sable fin : tout cela est représenté dans la Figure 4, & indiqué par les mêmes lettres. Dans cette Figure, le Mouleur remplit son moule ; *V**, est le Porteur qui arrange les tuiles moulées sur la place ; *N*, rangées de briques ; *u*, est un endroit du terrein disposé pour mettre les briques en haie, & couvert d'une couche de paille.

Fig. 2. Quoique la Planche VII soit particuliérement destinée à expliquer comme on forme les haies de briques, nous avons cependant placé ici les Figures qui ont rapport à ce que M. Gallon dit sur ce travail.

AB, est la tête d'une haie, composée de lits alternatifs de briques *boutisses* & de briques *pannereſſes*; *CD*, le premier rang de briques *EF* (*Fig.* 3.) qui sont posées de champ, & qui portent le second rang de façon que la brique *IN* obliquement placée, porte d'un bout sur la brique *G*, & de l'autre sur l'extrémité de la brique *P*: le troisieme rang *RS*, se place en croisant de la même façon les briques du second.

La Figure 4*. est relative à la Planche III : ainsi voyez *l'explication de cette Planche.*

PLANCHE VII.

Les Figures de cette Planche qui représentent le travail du Metteur en haie, avec le plan & profil du fourneau, sont gravées d'après les desseins de M. FOURCROY.

FIG. 2. Fait voir la place où le Porteur a placé les briques au sortir du moule, & quand elles sont suffisamment seches pour pouvoir être maniées sans se rompre : *l'Enhayeur X* les pare & les dresse sur leur champ : *O*, est la cabane où logent les Ouvriers.

FIG. 1. *M*, les haies; *N*, place vuide entre chaque haie; *O*, brouette avec laquelle l'Enhayeur approche les briques des haies; *X*, Ouvrier qui met les briques en haie; *P*, Ouvrier qui couvre les haies avec des paillassons; *ef*, la tête d'une haie.

FIG. 3. Plan & élévation du quart d'un fourneau de cinq cents milliers de briques. On y voit l'arrangement, soit des briques cuites qui forment le pied du fourneau jusqu'au-dessus du foyer, soit de toutes les autres briques que l'on veut cuire. *A*, contre-forts construits aux quatre angles du fourneau; *B*, massif ou corps quarré du fourneau. *CDE*, marque différents champs de briques, & leur position à chaque champ, qui se répéte alternativement à mesure que le fourneau s'éleve; car la totalité du fourneau se construit de la même façon, en faisant succéder ces trois assises de briques l'une à l'autre dans l'ordre *CDE*, depuis le cinquieme tas jusqu'au sommet du four. *F*, bordure en faux tas. *G*, foyers.

Il faut cinquante-huit milliers de bonnes briques cuites pour construire le pied du fourneau, & trois autres milliers pour le pignon & la cheminée de la baraque; plus, deux cents bottes de paille, chacune d'environ douze livres pesant, pour l'étendre sous le pied des haies; & en outre cinquante bottes pour coucher les Ouvriers, sans compter celles qu'il faut pour les paillassons, où il entre 3 ½ bottes dans chacun.

Il faut encore que le Cuiseur soit approvisionné de trois cordes de gros bois sec, & de cent cinquante gros fagots; plus, trois perches pour attiser le feu : on parlera ailleurs des mâts.

PLANCHE VIII.

Cette Planche repréſente le travail de l'enfournage, & de la diſtribution du charbon. Elle a été entiérement gravée ſur les deſſeins de M. Fourcroy.

Fig. 1. Travail de l'enfournage où eſt repréſentée la moitié d'un fourneau de cinq cents milliers de briques, que l'on charge avec une partie de ſon entourage d'abri-vents, & l'un de ſes accès d'échafauds.

A, Enfourneur arrangeant les briques ſur le fourneau. *BB*, *Entre-deux* qui font paſſer ſur le fourneau les briques qu'ils ſe jettent deux à deux, de main en main. *C*, *Rechercheur* tranſportant la brique au fourneau : un ou pluſieurs de ces Ouvriers ſe placent en relais ſur l'un des échafauds *E*. *D*, rampe pour monter au-deſſus du pied du fourneau. *E*, échafaud où ſe placent en relais les *Rechercheurs* pour le ſervice des briques de main en main. *K*, ſapins qui ſoutiennent les gardes-vents & les échafauds. *G*, les foyers dont quelques-uns ont été fermés de maçonnerie. *O*, *Fig.* 2. cabane des Ouvriers. *H*, morceau de toile poſé ſous les pieds du premier *Entre-deux*, pour recevoir le ſable qui tombe des briques quand il les reçoit dans ſes mains des autres Ouvriers. *I*, le *Cuiſeur* appliquant le placage contre le parement des aſſiſes des briques qui ont été poſées dans la journée. *L*, grande échelle plantée debout le long d'un des ſapins des échafauds, pour pouvoir monter ſur le fourneau, & en deſcendre ſans endommager le parement.

Les échafauds ſont établis ſur deux ſapins plantés de deux ou trois pieds en terre, à trois ou quatre pieds du parement du fourneau ; ils ſont entretenus par des barres de fer qui pénétrent dans le corps quarré du fourneau, auxquelles ſont liés les ſapins avec des cordes : c'eſt ſur ces barres de fer que ſont couchées les planches des échafauds.

Les abri-vents ou garde-vents qui entourent les quatre côtés du fourneau, ſont conſtruits de ſapins plantés en terre, maintenus par d'autres poſés en liens buttants, & aſſujétis par deux rangs de traverſes auxquelles on attache les paillaſſons.

Il faut pour établir les abri-vents & les échafauds, environ ſoixante-dix ſapins de trente à trente-cinq pieds de longueur pour les échafauds, garde-vents, liens & traverſes ; il en faut encore une vingtaine pour ſervir de chevrons à couvrir la baraque des Ouvriers ; douze gîtes ou petites piéces de bois pour les montants de cette baraque ; huit barres de fer, d'environ vingt-cinq livres peſant chacun pour deux échafauds ſur chaque accès du fourneau ; dix piéces de cordes groſſes & menues, pour attacher aux ſapins leurs traverſes & liens buttants, & pour attacher les paillaſſons.

Fig. 2. Travail du *Cuiſeur*. *B*, Entre-deux portant des mannelettes à charbon au Cuiſeur *I*, qui le répand où il convient. *C*, le *Rechercheur*. Quand le charbon a été conduit à la brouette au pied du four, un Rechercheur en emplit les mannelettes, que d'autres se jettent de main en main, pour les faire parvenir aux *Entre-deux B. F*, de la Figure premiere, indique un Journalier qui écrase le charbon avec une batte, & l'on voit auprès de lui un *Rechercheur* qui conduit ce charbon au pied du four.

On voit en *i* (Fig. 2.), un *Cuiseur* qui ramasse dans une mannelette les morceaux de charbon qui ne sont pas écrasés. *S*, parement où il s'est fait une soufflure qui en a dérangé les briques, & dont le Cuiseur a fait tomber le placage. On voit en *K* la construction du garde-vent, & celle des échafauds.

PLANCHE IX.

Cette Planche a été gravée sur les desseins de M. Gallon; elle représente le détail d'un fourneau pour cuire deux cents milliers de briques.

La Fig. 1. représente en grand, de quelle façon certains Briquetiers arrangent les briques pour former le pied d'un fourneau à jour ou à clair-champ, les quatre premiers tas étant projettés les uns sur les autres.

AB, fait voir comment les briques sont arrangées aux trois premieres couches *EFG* (de la *Fig.* 7.). *BC*, les deux rangées suivantes, cottées *HL* (*Fig.* 7.). *CD*, est la couche représentée en *M* (*Fig.* 7.), & *DE* la couche *N* de la Figure 7. *KL*, sont les jours ou claires-voies, qu'on remplit ensuite de gros charbon.

On voit dans la Fig. 2. l'arrangement des briques du huitiéme tas, suivant la ligne *ux* du plan de la Figure 7.

La Fig. 3. représente la disposition des briques du septiéme tas, suivant la ligne *st* du plan de la Figure 7.

La Fig. 4. représente en élévation les sept premiers tas, vûs du côté de la face *CD* du plan de la Figure 7, ou du côté où ne sont point les bouches du fourneau.

IK de la Fig. 5. fait voir les sept tas de briques placés au-dessus des précédents.

La Fig. 6. fait voir en élévation les sept premiers tas du côté des bouches du fourneau, & encore du côté de la face *AC* du plan de la Figure 7. *CDEFGH*, indiquent les six bouches du fourneau.

Dans la Fig. 8. on voit en grand, comment les briques sont arrangées pour former les bouches & les galleries du fourneau : *bc*, ouverture de la bouche. Les deux premiers rangs de briques sont en parement; le rang *ad* est posé en *boutisse*; *ef*, briques placées en parement, & qui forment un encorbellement, ainsi que celles *gh* qui forment l'arcade.

La Fig. 7. représente le plan du fourneau. *PY*, les galleries. La gallerie *YV*, est garnie de bois depuis *V* jusqu'en *X*; depuis *X* jusqu'en *Z*, on voit le gros charbon

charbon qui couvre le bois ; & depuis *Z* jusqu'en *Y*, le gros charbon est couvert de charbon fin. On voit aux trois massifs *EFG*, comment sont arrangées les briques au premier champ ; en *HL*, ce premier champ est recouvert par le second ; en *M*, le second est recouvert par le troisiéme, & l'on voit ces trois premiers champs en *N*; le quatriéme champ recouvre le troisiéme, & l'on apperçoit les quatre premiers champs.

La Fig. 9. fait voir la disposition de la machine que M. Gallon a fait exécuter pour éprouver la force des briques.

EXPLICATION

De quelques Termes qui ont rapport à l'Art du Tuilier & du Briquetier.

A

Abri-vent, c'est une espece de cloison qu'on fait avec des paillassons, soutenus par des mâts.

Archet, fil-d'archal tendu par un arc de bois ; son usage est de couper la terre pour former les vasons, ou pour enlever la terre qui excede le moule : on ne s'en sert pas dans toutes les Tuileries, *page* 8.

Arches, files d'arcades qui font la base des fours & fourneaux, & sous lesquelles on met le feu, *page* 12.

Argile, *voyez* Glaise.

Assurer le feu, c'est le veiller pour prendre garde qu'il ne s'éteigne, *page* 40.

Auge, vase dans lequel on met de l'eau, pour mouiller le moule & la plane, *page* 8.

B

Banc, celui des Tuileries est solide, & il sert à battre les tuiles pour comprimer la terre quand elle est en partie seche. On ne bat point les briques ; elles en seroient meilleures, si on leur donnoit cette façon, *pages* 8 & 11.

Batte, c'est une espece de palette avec laquelle on bat les tuiles. *Voyez* Banc, & *pages* 8 & 11.

Batteurs, on appelle ainsi dans les grands atteliers, les Ouvriers qui corroyent la terre, *page* 25.

Bombarde, c'est un endroit voûté qui précede les arches, & dans lequel on met le feu, *page* 13.

Boutisse, on appelle *briques boutisses*, celles qui présentent leurs bouts au parement.

Brique, parallélipipede de terre cuite, qui sert à bâtir au lieu de pierre ; on distingue la brique pour les cheminées, celle pour les murs, la chantignolle, &c. *page* 9.

Briquetier ou Briqueteur, on emploie ces deux termes dans différentes Provinces ; ce sont les Ouvriers qui font la brique.

C

Cayette ; on nomme ainsi le charbon brisé, qu'on répand entre les champs de brique.

Champ de brique, de tuile ou de carreau, est un lit arrangé dans le four, *page* 15.

Charbon *de terre*, *charbon de pierre*, *houille* ou *charbon fossile*, sont la même chose ; c'est une substance bitumineuse qu'on retire de l'intérieur de la terre ; quelques-uns l'appellent *charbon de pierre* quand il est en gros morceaux, & *charbon de terre* quand il se tire en petits fragments comme le tuf.

Charbonnée, on appelle ainsi une couche de charbon ou de cayette, qu'on répand entre les champs de brique.

Chaufferie, c'est un endroit voûté qui précede la bombarde, & sous lequel couchent les Ouvriers pendant que le feu est au four, *page* 13.

Chauffeurs ou Cuiseurs, ce sont les Ouvriers qui conduisent le feu, *page* 14.

Clair-champ, on nomme ainsi les premiers champs de brique qui sont à clairvoise, *page* 43.

Cloquetier, morceau de bois qui tombe du plancher, & qui sert à accrocher l'archet, *page* 8.

Coque de terre apprêtée, est une portion de terre, qu'on a commencé à paitrir, *page* 7.

Corps du four, est la partie quarrée dans laquelle on met l'ouvrage, *page* 12.

Cuiseurs, *voyez* Chauffeurs.

Cuisson, on dit *faire une bonne cuisson* ou *une mauvaise cuisson*, suivant que l'ouvrage sort du four bien ou mal cuit.

D

DÉMESLEUR, Ouvrier qui corroye la terre, *page* 23.

E

ENFOURNAGE, est arranger l'ouvrage dans le four, *page* 13.

ENFOURNEUR, *voyez* MAINS, & *page* 33.

ENHAYEURS, Ouvriers qui mettent en haies.

ENTRE-DEUX, *voyez* MAINS.

EVENTS, *voyez* LUMIERES, & *page* 14.

F

FAITIERES ou Enfaîteaux, grandes tuiles creuses ou en goutieres, qu'on met au haut de la couverture pour couvrir le faîte, *page* 16.

FAUX TAS, *page* 38.

FEU; on appelle *petit feu* un feu doux qu'on fait d'abord pour dessécher l'ouvrage, & *le grand feu* celui qui est assez violent pour le cuire, *page* 16 & 18.

FOSSE des Tuileries & Briqueteries, est une espece de bassin quarré & bien maçonné, dans lequel on met la terre pour la pénétrer d'eau.

FOUR ou FOURNEAU, endroit où l'on cuit les tuiles, les briques, &c. Ordinairement, on dit *un four* quand il est bâti, & *un fourneau* quand on fait le four avec la brique crue, *page* 11.

FOURNÉE, est l'ouvrage qu'un four peut contenir.

FUMER, c'est faire un feu doux pour dessécher l'ouvrage, *page* 17.

G

GLAISE, c'est une terre grasse, ductile, indissoluble dans les acides, douce & comme savoneuse au toucher, soit qu'elle soit seche ou humide : on la nomme aussi *argile*.

GRIL ou GRILLE, les Ouvriers disent l'un & l'autre; c'est le plancher du four qui est établi sur les arches, & percé de trous pour que la chaleur se communique dans l'ouvrage, *page* 13.

GUEULES ou *Bouches des fours*, sont les endroits où l'on met d'abord le feu, & qui communiquent aux arches, *page* 12.

H

HAIE, *mettre en haies*, c'est arranger l'ouvrage de façon, que toutes les pieces reçoivent un peu d'air pour qu'elles se desséchent lentement. On met en haie sous la halle ou à l'air; si c'est à l'air on les couvre de paillassons.

HOUE, instrument de Vigneron qui sert à remuer la terre, *page* 26.

HOUILLE, *voyez* CHARBON.

L

LUMIERES, on appelle ainsi les ouvertures qui sont au gril, pour que la chaleur pénétre des arches dans le four; & aussi aux fourneaux voûtés, celles par où s'échappe la fumée, *page* 14.

M

MAIN, une *main de Briqueteurs* ou des Ouvriers qui font cuire la brique, est composée de treize hommes, le Cuiseur ou Chauffeur, deux Enfourneurs, trois Entre-deux qui servent les premiers, sept Rechercheurs ou Brouetteurs qui approchent les briques, *page* 35.

MANNELETTE, petite manne ou panier qui sert à porter le charbon sur le fourneau, *page* 41.

MARCHEUX, ce mot signifie une petite fosse, dans laquelle on corroye la terre, & aussi l'Ouvrier qui la marche & la corroye, *page* 6.

MINETTE, caisse ou bacquet rempli du sable, qu'on répand sur tous les outils qui touchent la terre, pour empêcher qu'elle ne s'y attache, *page* 8 & 29.

MOULE, chassis de bois qu'on emplit de terre, pour former la tuile, la brique & le carreau, *page* 8.

MOULEUR, c'est le premier Ouvrier qui moule la tuile, la brique & le carreau, *page* 10.

N

NŒUDS, les nœuds sont des pelottes de terre qui n'ont point été corroyées, & qui font des défauts dans l'intérieur des briques, *page* 28.

P

PALETTES, petites planches minces, qui servent à porter les tuiles moulées sur l'aire ou la place, *page* 8.

PANNERESSE, on appelle *briques panneresses* celles qui présentent leur longueur au parement.

PARER LES BRIQUES, c'est enlever avec un couteau les bavures de terre, avant de les faire cuire, *page* 32.

PIED DE FOUR, on nomme ainsi le bas du fourneau.

PLANE, instrument qui sert à emporter ce qu'il y a trop de terre dans le moule, *page* 8.

PORTEUR, c'est un jeune Garçon qui prend

l'ouvrage des mains du Mouleur, pour le porter sur la place ou sur l'aire, *page* 10.

POUSSOIR, *voyez* ROUABLE, *& page* 24.

R

RECHERCHEUR, *voyez* MAIN, *& page* 23.

RELEVEUR, est la même chose que *Metteur en haies*, voyez ENHAYEUR, *& page* 35.

ROCHES, tuiles ou briques qui se sont soudées les unes aux autres, quand la force du feu les a fait fondre.

ROUABLE, espece de rateau sans dents qui sert à égaliser le terrein, *page* 8.

ROULEUR, on appelle ainsi celui qui rapproche les matériaux avec la brouette, *page* 25 *&* 30.

S

SOMMIER, est un massif de maçonnerie, sur lequel portent les retombées des arches, *page* 13.

T

TABLE DU MOULEUR, est une forte table sur laquelle on moule la tuile & la brique, *page* 8.

TABLE, ce qu'on nomme *une table de brique*, est formé par six Ouvriers, un Mouleur, deux Batteurs ou Démêleurs, un Enhayeur & un Porteur, *page* 23.

TAS, on met la brique ou les tuiles en tas, ou rangées tout près les unes des autres, pour qu'elles se desséchent lentement, *page* 15.

TERRE grasse ou forte, *voyez* GLAISE.

TERRE maigre ou courte, est celle qui est alliée de beaucoup de sable.

TREMPER, *voyez* FUMER, *& page* 17.

TUILE, morceau de terre cuite assez mince, qui sert à couvrir les Maisons; il y en a de plates, qui portent un crochet qui les retient à la latte; il y a le grand & le petit moule, & d'autres qu'on nomme *creuses* sont en goutiere; il y en a en *S*; d'autres ont des bords; d'autres sont gironnées en forme de trapèze pour couvrir les tours rondes, *page* 9.

TUILERIE, lieu où l'on fabrique les tuiles.

TUILIER, Ouvrier qui fait de la tuile.

V

VASES CRUES, c'est ainsi qu'on désigne les briques qui ne sont point cuites intérieurement.

VAZON, est une motte de terre corroyée, & prête à être employée, *page* 7.

VAUGEUR, est un Ouvrier qui corroye en détail, avec les mains, la terre qui a reçu une premiere préparation par le Marcheux, *page* 7.

VÉROLÉES, on dit que les tuiles sont vérolées, quand il a plû dessus lorsqu'elles étoient sur l'aire, *page* 11.

VOIE DE TERRE, est celle qui a commencé à être paîtrie avec les pieds, *page* 7.

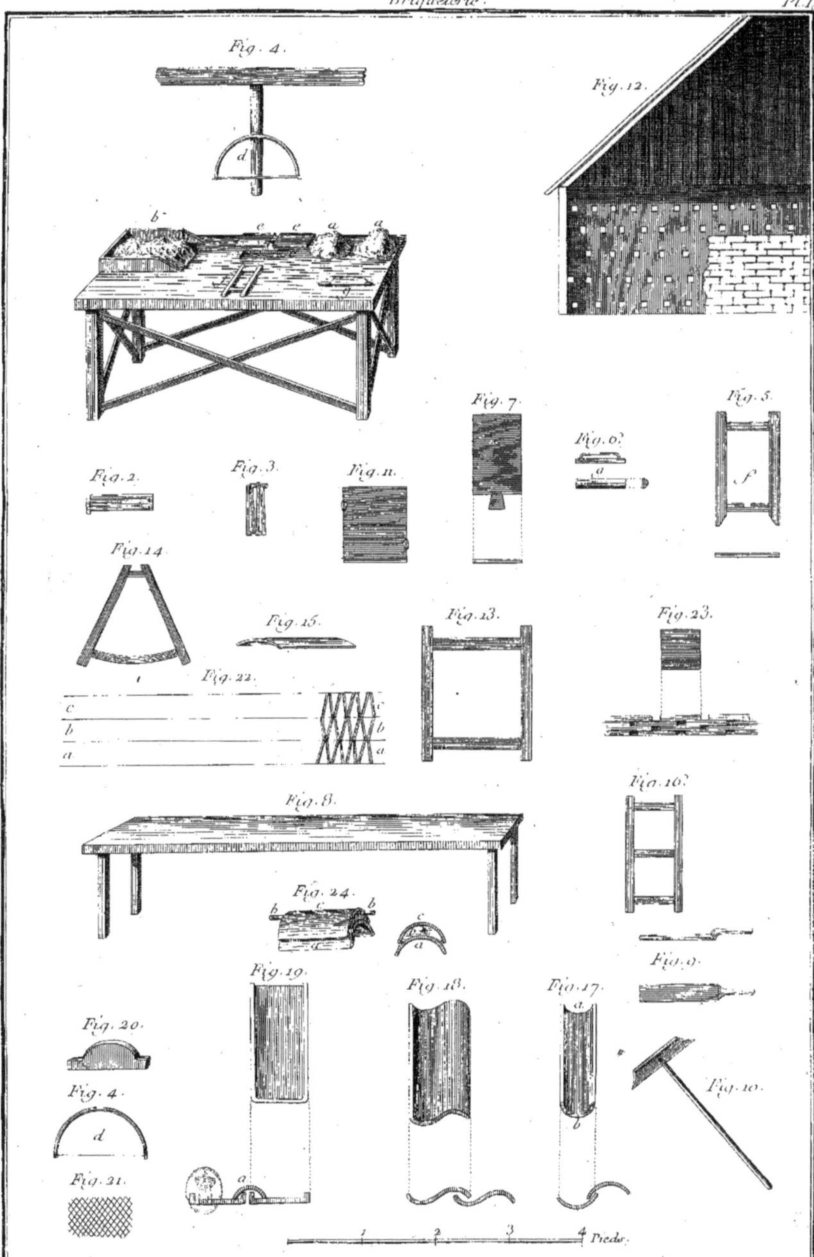
Fig. 4.
d
b
e e a a
g
Fig. 12.
Fig. 7.
Fig. 5.
Fig. 6.
a
f
Fig. 2.
Fig. 3.
Fig. 11.
Fig. 14.
Fig. 15.
Fig. 13.
Fig. 23.
Fig. 22.
c
b
a
c
b
a
Fig. 8.
Fig. 16.
Fig. 24.
b c b
a
c
a
Fig. 9.
Fig. 19.
Fig. 18.
Fig. 17.
a
Fig. 20.
Fig. 10.
Fig. 4.
d
b
Fig. 21.
a
1 2 3 4 Pieds.

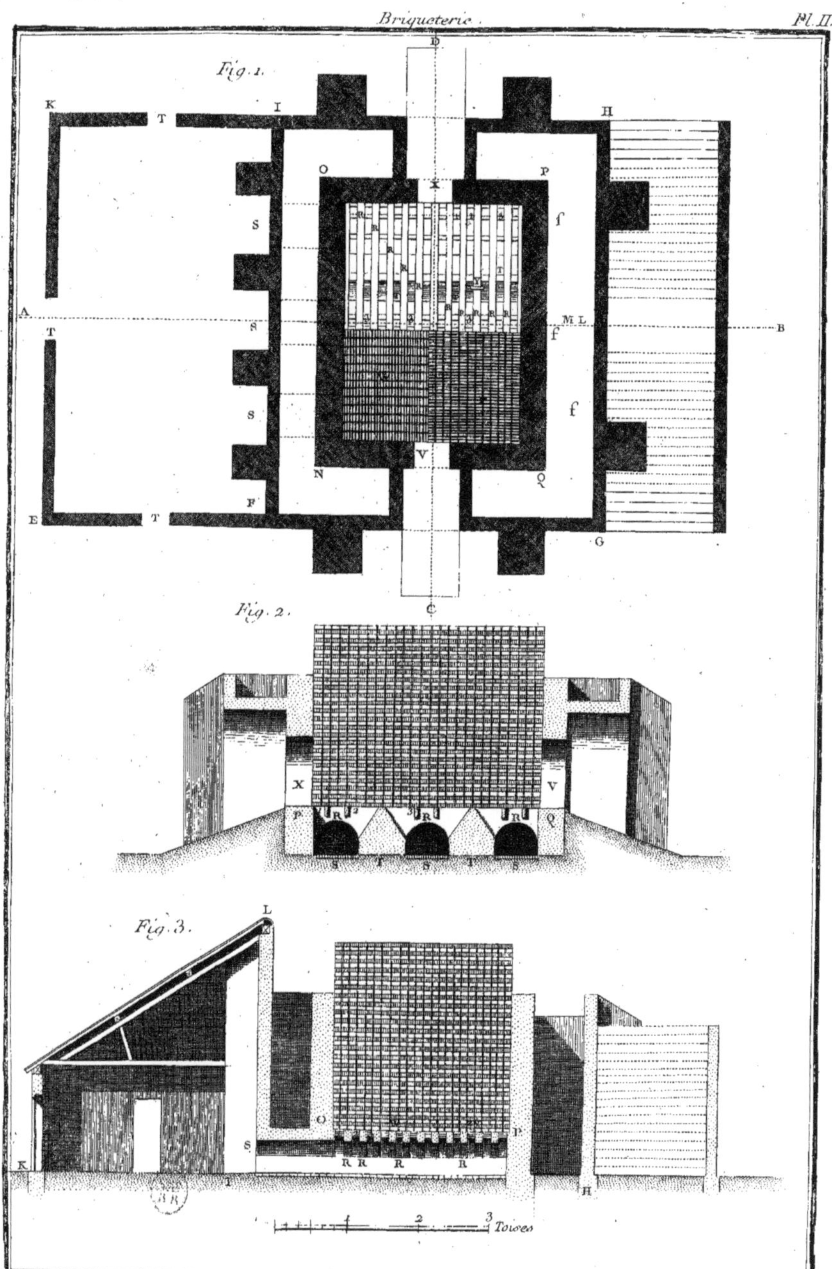
Fig. 1.
Fig. 2.
Fig. 3.
Toises

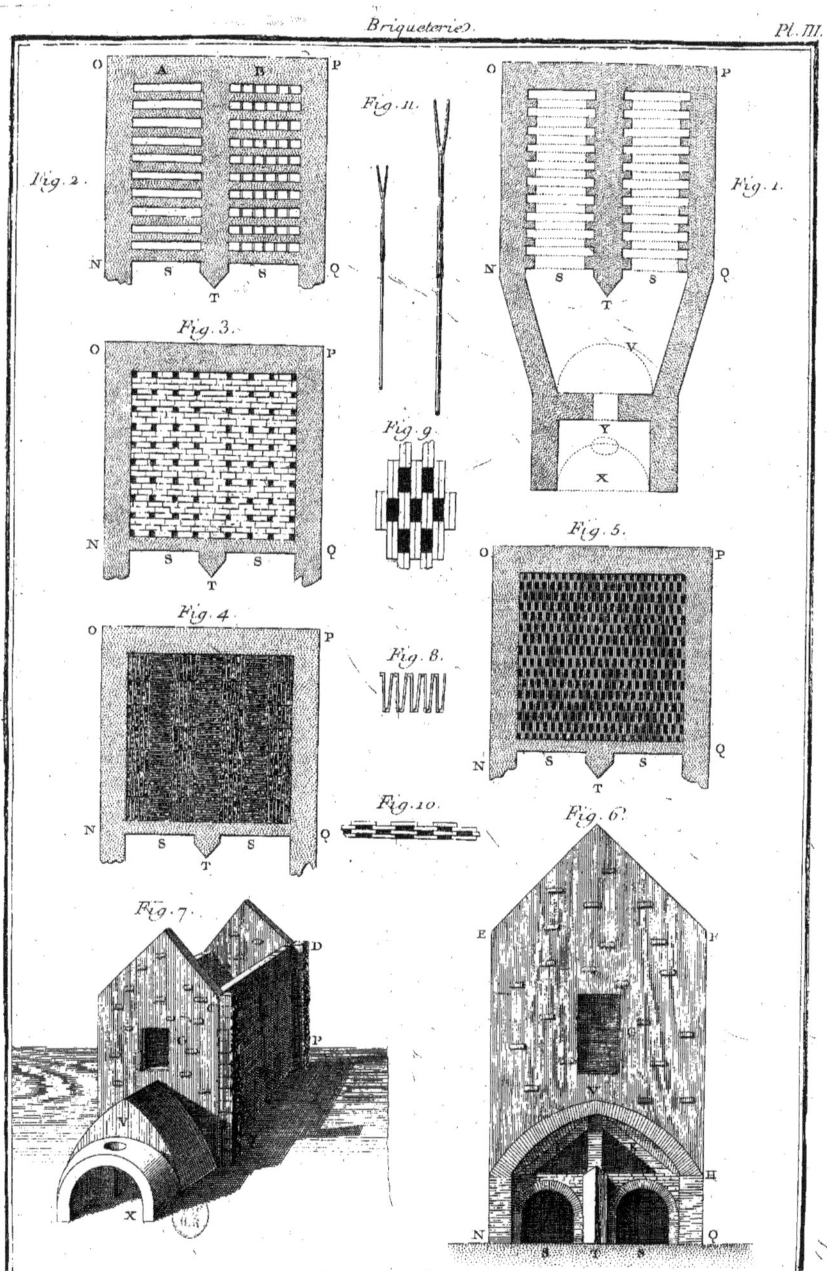
Fig. 1.
Fig. 2.
Fig. 3.
Fig. 4.
Fig. 5.
Fig. 6.
Fig. 7.
Fig. 8.
Fig. 9.
Fig. 10.
Fig. 11.
O
P
N
Q
A
B
S
T
V
X
Y
E
F
G
H
D

Fig. 1.
Fig. 2.
Fig. 3.
Fig. 4.
Fig. 5.
Fig. 6.
Fig. 7.
Fig. 8.
Fig. 9.
Fig. 10.
Fig. 12.
Fig. 13.
Fig. 14.
Fig. 15.
Fig. 16.
Fig. 17.
Fig. 18.
Fig. 19.
Fig. 20.
a
b
c
Fig. 21.
Fig. 22.
Fig. 23.
Fig. 24.
Fig. 25.
1 2 3 4 5 6 Pieds.

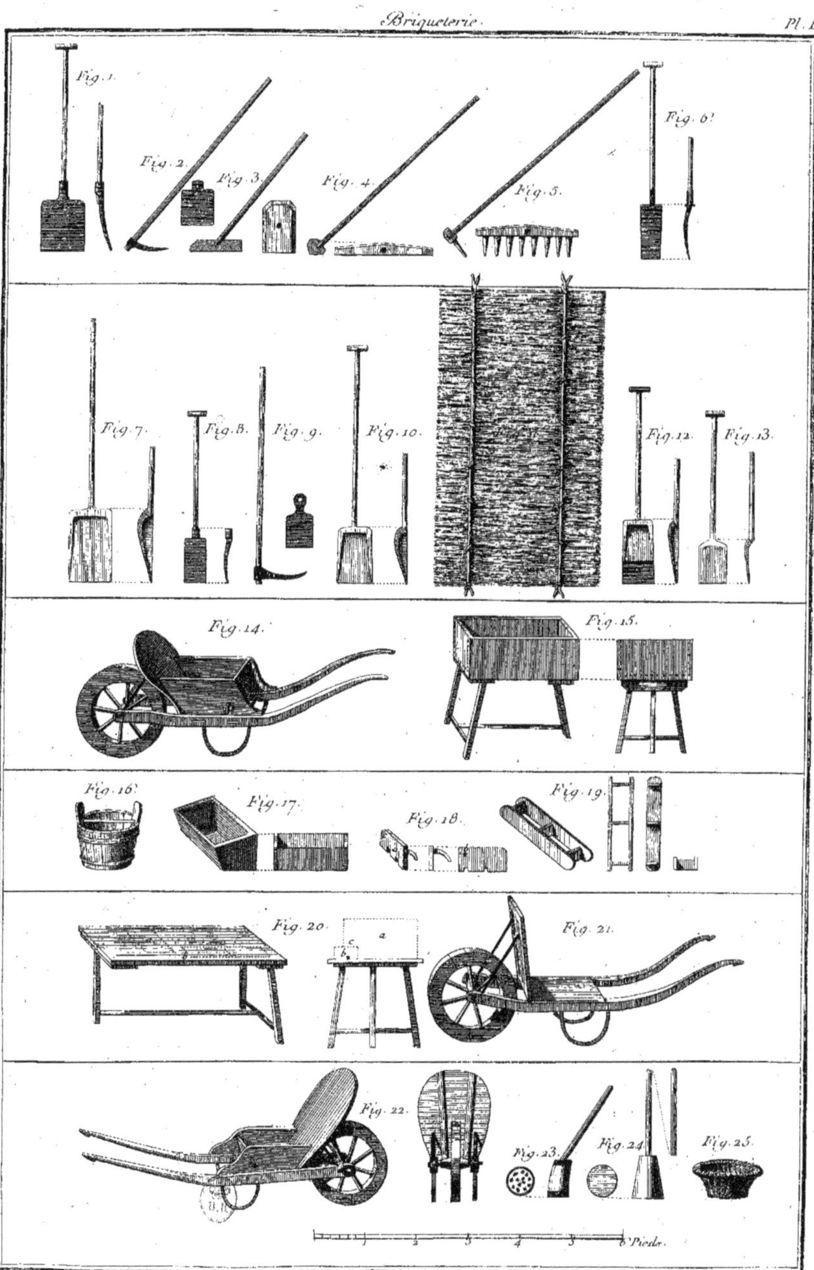

Patte Sc.

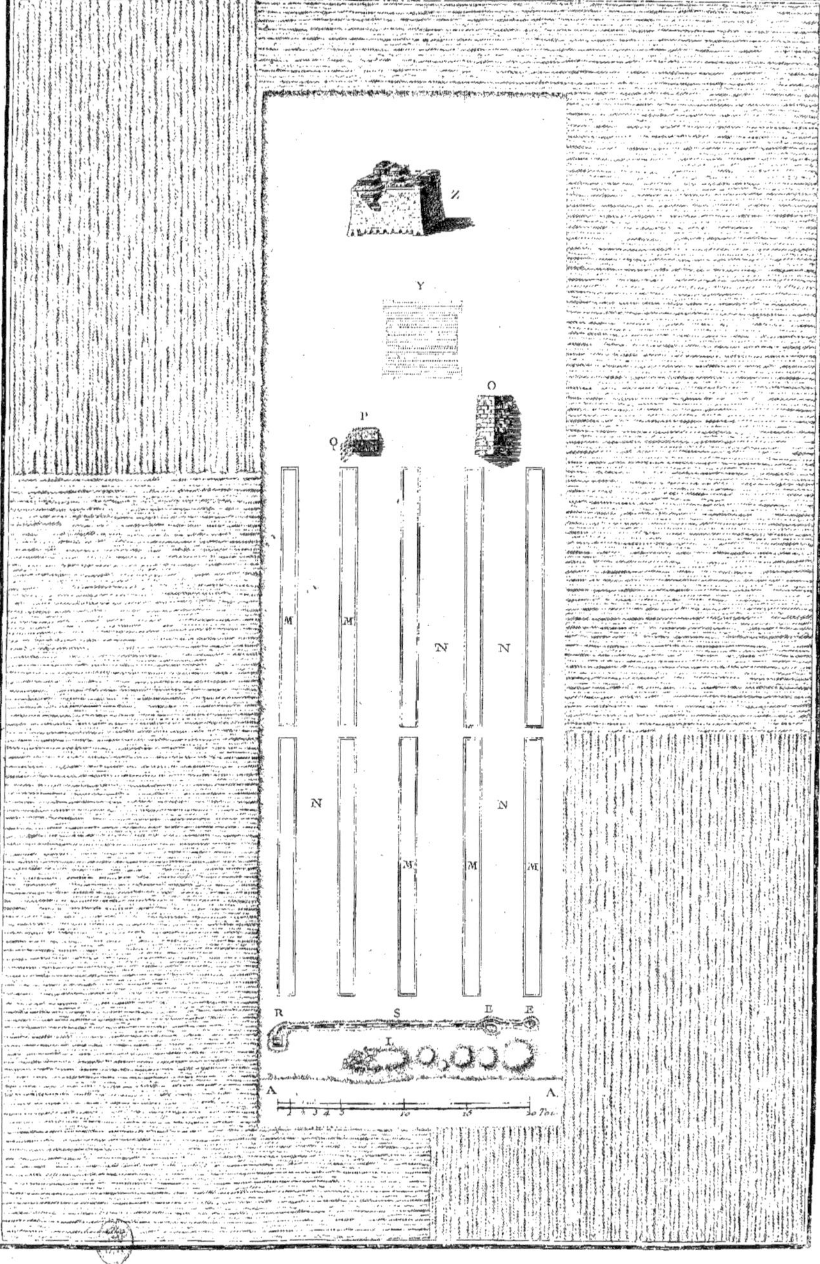
Z
Y
O
P
Q
M
M
N
N
N
N
M
M
M
R
S
B
E
L
A
A.
1 2 3 4 5
10
15
20 Toi.

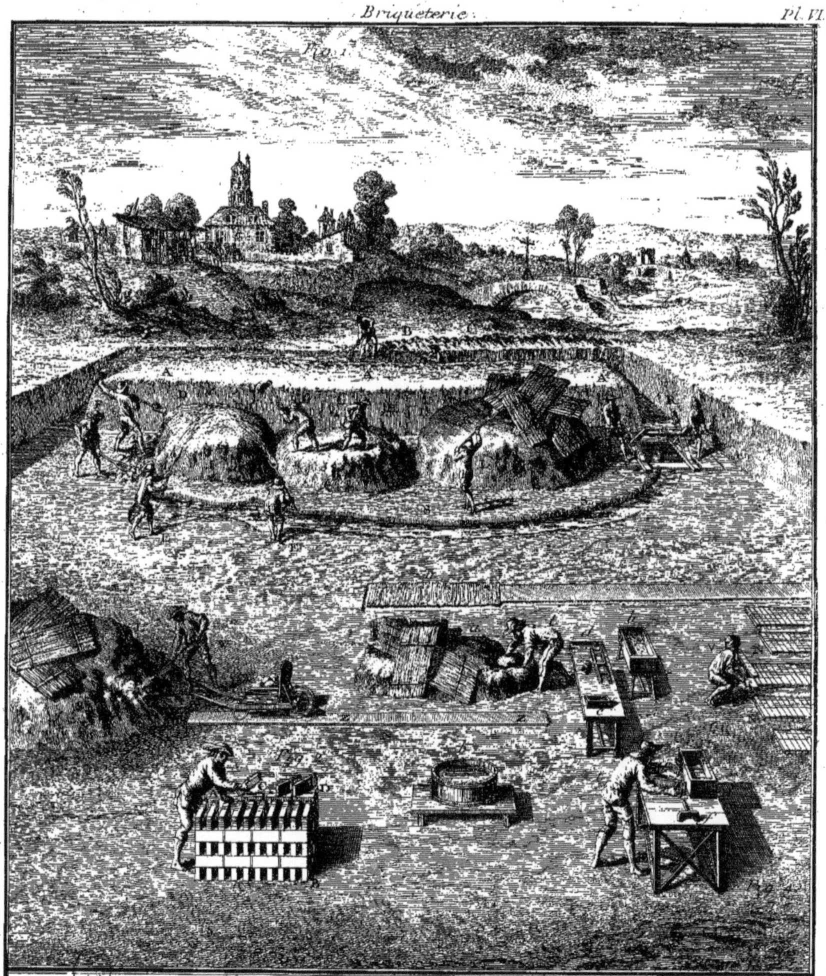

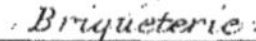

Fig. 1.

Fig. 3.

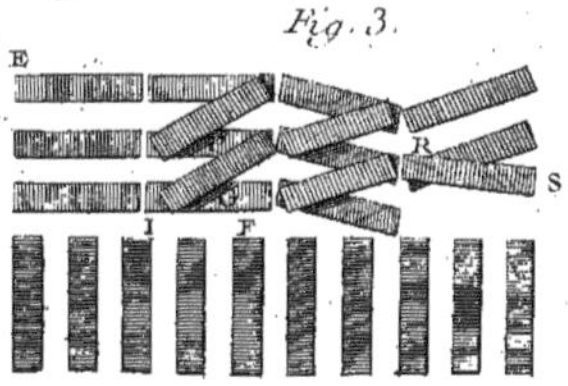

Fig. 4.

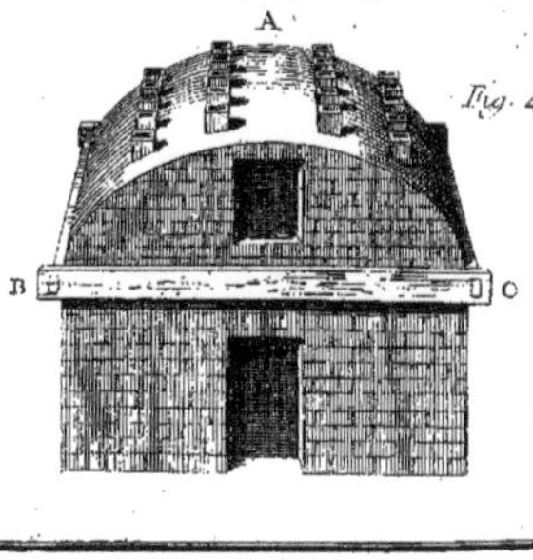

Patte Sc.

Briqueterie. Pl. VII.

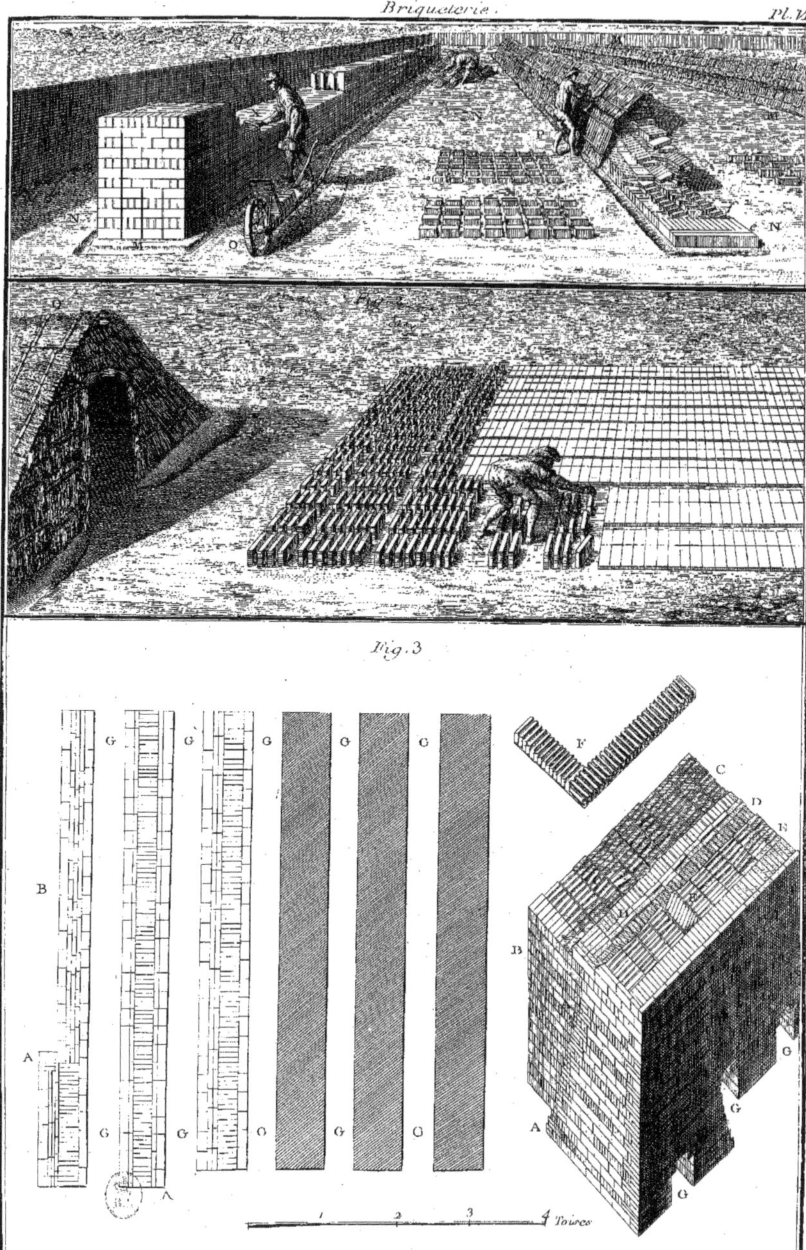

Patte fecit

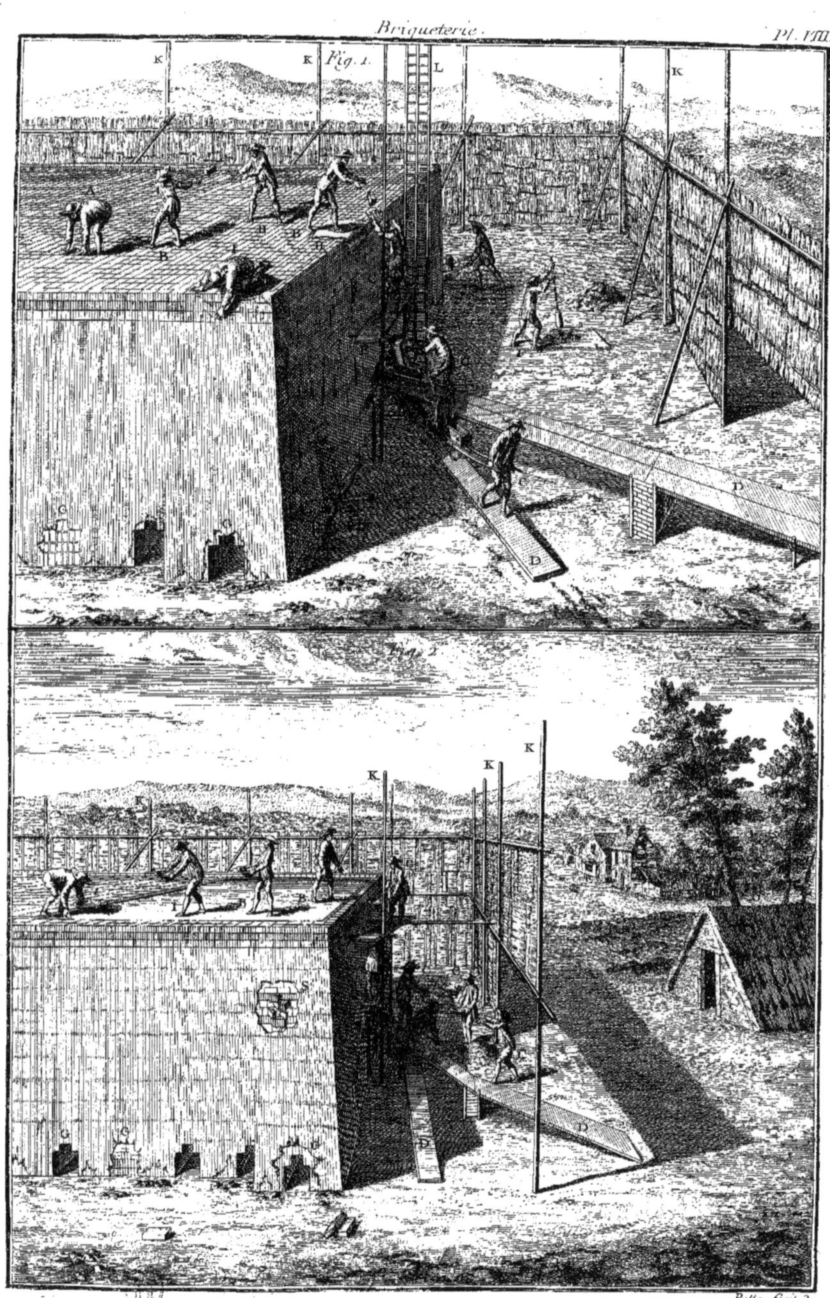

Patte fecit.

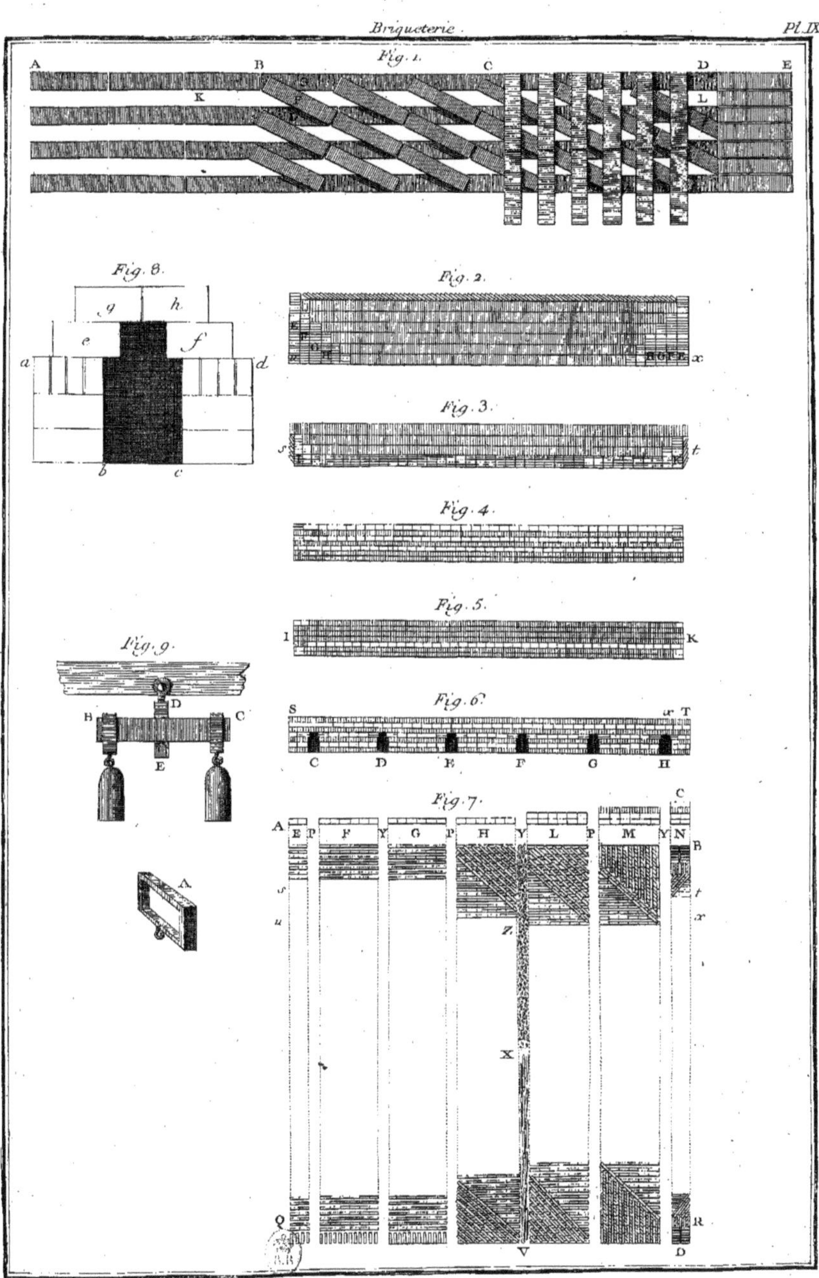
Fig. 1.
A
B
C
D
E
K
L
Fig. 8.
g
h
e
f
a
d
b
c
Fig. 2.
Fig. 3.
s
t
Fig. 4.
Fig. 5.
I
K
Fig. 6.
S
T
C
D
E
F
G
H
Fig. 9.
B
C
D
E
A
Fig. 7.
A
E
P
F
Y
G
P
H
Y
L
P
M
Y
N
C
B
s
t
u
x
Z
X
Q
R
V
D

www.ingramcontent.com/pod-product-compliance
Ingram Content Group UK Ltd.
Pitfield, Milton Keynes, MK11 3LW, UK
UKHW021203220726
13924UKWH00003B/1288

9 782019 910938